2013年，作者的儿子韩振宇在巴尔干（欧洲）数学奥林匹克竞赛上获得银牌，这是他首次代表英国奥数国家队参加比赛。

2014年，韩振宇在南非国际数学奥林匹克竞赛（IMO）上获得铜牌。

2014年，在南非开普敦，韩振宇与英国奥数国家队队友、澳大利亚国家队队员合影。

2012～2014年，韩振宇在英国高中生数学竞赛、英国数学奥林匹克竞赛等赛事上共获得7枚金牌。图为其中一枚。

韩振宇在国内上小学、初中时偏爱数学，作者邓雯文坚定地支持孩子这一兴趣爱好，图为韩振宇获得的数学竞赛奖牌。

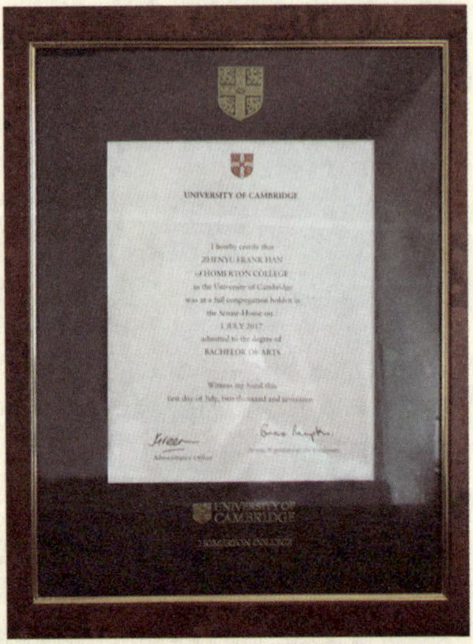

2017年6月，韩振宇手持剑桥大学毕业证书在母校留影。6年前，作者邓雯文支持儿子留学英国，满足了儿子快乐、自由学习的愿望，而这种自由学习状态也让他得以潜力爆发、学有所成。

韩振宇获得剑桥中国学生学者联谊会电竞大赛第一名。

本书作者邓雯文和儿子韩振宇一起为孩子爸爸老韩庆祝50岁生日。在儿子的成长过程中，老韩一直坚定不移地支持着邓雯文超前甚至有些“冒险”的家庭教育理念。

2014年6月，儿子韩振宇高中毕业，本书作者邓雯文特意赶赴英国德威中学（Dulwich College）参加毕业典礼。

2014年6月，韩振宇在高中毕业典礼后与亦师亦友的舍监老师合影。

在2017年剑桥大学中国学生春节晚会上，韩振宇与两位女同学表演日本宅舞《极乐净土》。

作者邓雯文十分重视培养孩子的运动能力，在她的影响下，韩振宇从小就热爱运动。而今参加工作后，不论工作有多忙，他都要挤出时间跑步。

把孩子送入剑桥的12堂超级家长课

邓雯文 著

中国妇女出版社

图书在版编目（CIP）数据

把孩子送入剑桥的12堂超级家长课 / 邓雯文著. -- 北京 ：中国妇女出版社，2021.6（2021.7 重印）
ISBN 978-7-5127-1984-2

Ⅰ.①把… Ⅱ.①邓… Ⅲ.①家庭教育 Ⅳ.①G78

中国版本图书馆CIP数据核字（2021）第087044号

把孩子送入剑桥的12堂超级家长课

作　　者：邓雯文　著
责任编辑：肖玲玲
封面设计：尚世视觉
责任印制：王卫东
出版发行：中国妇女出版社
地　　址：北京市东城区史家胡同甲24号　　邮政编码：100010
电　　话：（010）65133160（发行部）　　65133161（邮购）
网　　址：www.womenbooks.cn
法律顾问：北京市道可特律师事务所
经　　销：各地新华书店
印　　刷：三河市祥达印刷包装有限公司
开　　本：150×215　1/16
印　　张：14.75
字　　数：200千字
版　　次：2021年6月第1版
印　　次：2021年7月第2次
书　　号：ISBN 978-7-5127-1984-2
定　　价：49.80元

序言
preface

父母之爱子，则为之计深远。

儿子振宇15岁赴英留学之前，我们全家一直生活在北方的一个省份。因为经济不够发达，历史文化也不够悠久，那里的大学生毕业最理想的去处是进政府机关、事业单位或国企。我是父辈眼里的乖乖女，上学一切听老师的，在家更是对家长言听计从。大学毕业后，我被分配到省电视台当记者。似乎一切都很美好，可是，我清楚地知道自己内心深处有隐隐的不甘。

儿子的出生唤起我强烈的责任感和使命感，我绝不能让他的成长如我一般循规蹈矩、画地为牢，而应该有更开阔的视野、更宏大的格局。

我意识到，在全球经济一体化和高度信息化的今天，我的职责使命就是要把他培养成具有国际竞争力的人。为此，他的生命应该是自由的、激昂的、飞扬的、勃发的，在未来国际竞争平台上，他所拥有的核心竞争力应该是独一无二、不可替代的。这个信念在我心中占据了不可撼动的位置。

振宇上小学后，我主动向电视台领导申请从更有发展前途的新闻部调到少儿部，并创办了儿童心理节目《心事箩筐》。我一边办节目，一边研究儿童心理。为此，我充分调动振宇这个“身边小顾问”的积极性，向他征求对节目的意见与建议，让他参与少儿频道儿童节目的录制，帮我为小朋友们挑选礼物和奖品。渐渐地，振宇由一个内向孩子，变成了乐观、积极、自信、善沟通的阳光男孩。

教育不是灌输，而是点燃火焰。最好的教育，是家长与孩子一起成长。为此，我利用一切可以利用的时间进行了一系列学习：上北京师范大学学习发展与教育心理学硕士课程、上中国人民大学学习哲学硕士课程、接受德国海德堡大学等十几次国际心理学工作坊培训、完成苏晓波精神分析高级咨询与督导课程、考取国家二级心理咨询师和催眠师资格。这些学习让我掌握了丰富的教育学和心理学知识与技巧，我有意识地将其融入家庭教育实践之中。

振宇上初一时，我的一个闺密姐姐把孩子送到国外留学，我问振宇想不想出国，他的脑袋摇得像拨浪鼓。初中毕业那年，一开学，毕业班的师生就立刻进入备战中考的紧张状态，每天从早到晚几乎没有休息时间，此时的学习其实就为了中考拿高分上重点高中。这让此前一直凭兴趣学习的振宇陡生厌倦情绪，终日闷闷不乐。

在我再三逼问之下，他对我们说，在珍贵的少年时光里，他不想只为中考、高考而活，他想拥有丰富多彩、自由舒展的学习生活。这番话“震”到了我，我强烈意识到我的家庭、生活的城市和学校的教育无法再为振宇提供滋养了。若再耗下去，他相较于别的孩子更为敏感的心理和神经也许会崩溃。于是，我们全家经过商议，决定放飞振宇这只羽翼渐丰、志向高远的“雏鹰”，让他去更广阔的天地间翱翔。

振宇上小学、初中时一直是中等成绩，留学英国后，在相对宽松的学习环境下，他可以自由地深入钻研他所喜爱的数学学科，这种“偏科”的学习方式竟令他一路逆袭，取得不可思议的成就：7次获得英国中学数学赛事第一名；入选英国奥数国家队；参加国际比赛创造了英国奥数国家队历史最好成绩，被英国皇家协会和英国广播公司（BBC）誉为“欧洲最聪明的年轻人之一”；被剑桥大学数学系录取，在校期间获得美国国际数学建模竞赛特等奖；2017年毕业后回国创业办学，辅导百余名学生考上牛津大学和剑桥大学。

回首振宇成长之路，我深有感触的是培养一个未来公民，意味着家长要不断应对新的任务和挑战，意味着对未知领域的一次次超越、探险，尤其是在思想认识上要不断突破局限，放大格局。同时，我也深深认识到：为人父母，应该不断提升自己，因为父母的视野和格局决定孩子的未来；失败亦是成功，只有让孩子在挫折和失败中吸取教训，才能培养起他独立而坚韧的品格；兴趣是最好的老师，让兴趣激发孩子的潜能与自信……

振宇考入剑桥大学，让我收到了亲戚朋友的羡慕眼光，但最令我欣慰的其实不是他考上名校，而是他独自在海外求学过程中养成的不惧挫折、理性自律、昂扬向上、积极乐观等精神品质，这些是要跟他一辈子的。

很多家长问我有什么经验，我想最关键的一条经验是尊重孩子。在我看来，孩子是有血有肉的生命，对待生命最好的态度就是尊重。只有秉持一颗敬畏的心，以尊重的态度对待生命，才能有平等、启迪、信任、等待、宽容、接纳、欣赏、赞美。

我在书中如实记录了自己二十几年的育儿经历与体验，还有我作为一名教育与心理工作者对当下教育的思考与探索。这本书呈现了振宇从一名普普通通的中等生，一路逆袭成剑桥大学高材生的成长轨迹，或许会让您豁然开朗，或许还会引发您更深入的思考。

感谢彭博女士向我提议并督促我结合亲子教育实践撰写一本具有全新教育理念的书，否则懒惰的我很可能与此书无缘；感谢陈子寒先生为我的书稿做了细致指导并提出颇有见地的修改意见；感谢在振宇成长过程中给予支持、帮助和指导的所有老师和亲友，他们为振宇提供了探索与创造的自由与空间；还要感谢静好课堂平台为我录制了《剑桥妈妈的十二条教育宝典》音频课程，它为此书的出版奠定了基础；更要感谢中国妇女出版社编辑出版团队的辛勤付出，他们高效专业的编辑水准和一丝不苟的敬业精神令我深受感动。

由于我学识有限，书中难免会有疏漏和错误之处，希望广大读者批评指正，帮助我们将这本书不断完善。本人邮箱：571007206@qq.com。

谢谢关心教育的您，祝愿您的孩子在您正确有效的教育下健康成长！

邓雯文

2021年1月16日于北京

目录
contents

第一章 培养未来公民，升维家庭教育认知

第二章 父母的格局和教育规划力

第五章 尊重孩子的选择，没有尊重就没有教育

第六章 “好生”与“差生”之间隔着一堵叫“效率”的墙

第七章 培养自控力，克服“管不住自己”的问题

第八章 自信心是成功的催化剂

第十一章 兴趣才是学习的原动力

第十二章 既要做学习高手，也要做运动高手

第　　一　　章

培养未来公民，升维家庭教育认知

15 岁去留学

——放眼全球，帮孩子定位未来

我当年做电视记者的时候，采访过很多世界级的音乐家、画家和作家，后来在北京师范大学读心理学研究生期间，又接触了一些泰斗级心理学家。我发现，这些大咖们游历世界各地，内心不分国界；他们深刻洞悉、理解人性，对人类充满爱与关怀；他们拥有智慧和能量，能够帮助别人获得生命的觉醒与力量。他们的人生境界与生命状态高妙超拔、从容自在，他们有大格局，胸怀天下，有全球视野，超越常人。

当儿子振宇出生以后，我自然而然地想到，我要把他培养成一个具有全球视野的未来人。我原本设想，等振宇在国内读完本科后就支持他出国留学和工作，让他好好历练。可是，儿子一番令我意想不到的话把这一计划大大提前了。

▶ “即使我考上清华、北大，也是个废才！”

振宇刚上初中毕业班没几天，便表现得无精打采。在我的反复询问下，他才激愤地说："我每天早上7点上学，晚上9点放学，在学校基本上没有任何休息和玩乐，非常痛苦和无聊！关键是这样没有意义，我是以失去我的快乐、想象力和创造力为代价的，即使我考上清华、北大，也是个废才！"

这番话令我震惊。以失去快乐、想象力与创造力为代价的学习，是没有意义的，儿子不想成为一个废才！而且这与我对他的未来期许和定位也相去甚远啊！我马上想到，必须及时做调整——"逃离"现有教育体制。

可是不参加中考、高考，孩子有什么其他的路可以走呢？我和我先生首先想到的是考某大学的少年班，但是查过很多资料和媒体报道后发现，少年大学生往往心理存在问题，这也是令人揪心的；接着我们又想到考某知名国际中学，但上网一查，发现该学校也不是那么尽善尽美，它的粗放式管理让一些家长不满。

▶ 帮孩子选择向往的生活

怎么办？我忽然想到，我的好友雪松姐教育理念超前，已把她家只比振宇大一岁的儿子送到英国读书，我们为何不能效仿呢？

我把这个想法试探着跟振宇一提，没料到他连想都没想就深深地点了一下头。我知道，这孩子喜欢什么从来不会张口要，点头是他最直率的表达方式。

接下来，我马不停蹄找到振宇的班主任办理了停学手续，给振宇找有外教教英语的机构，又通过中介联系英国的学校。当振宇的同班同学都在紧张备战中考的一年时间里，振宇则优哉游哉，或居家自学他喜爱的数学课程，或骑着电动自行车去上英语课，偶尔还跟他爸去打打篮球，过得轻松惬意，我们熟悉的那个阳光、自信、快乐的大男孩又回来了。

当我写到这儿的时候，已从剑桥大学毕业并立志从教的振宇，正在隔壁房间给他远在英国的学生做剑桥大学面试的线上辅导。之前他还做了两件事：一是与英国、加拿大等地的同学一起玩了网络联机游戏；二是与身在英国的合作伙伴进行了微信语音通话。而我刚刚给澳大利亚与加拿大的朋友发了商业计划书与市场调研报告。

可以说，当年儿子的一番话和我的一个转念，改变了我们的生命轨迹，振宇选择了他向往的学习生活。

现在我比任何时候都坚信，孩子属于未来，只有具备全球视野和格局，他才可能与时代同步，与世界同频，未来在世界格局的竞争中立于不败之地。这也意味着他将拥有更精彩、更开阔、更自由的人生，也意味着他将更自律，并且需要付出更多努力。

如今人类已进入全球化时代，世界变成了地球村。不管你是否愿意，是否做好准备，世界从未像今天这样离我们这么近。所以，家长必须置身世界体系之中。唯有拥有开阔眼界和超常教育理念的家长，才会有前瞻性的眼光，把孩子从思维的桎梏中解救出来，从传统教育的种种狭隘设限中超越出来。

“父母之爱子，则为之计深远。”拓宽孩子的视野和格局，对父母来说是一种挑战，需要升维家庭教育认知。在孩子小的时候，家长就要着手培养孩子作为未来人必须具备的三种能力——创造力、思维力、社交力。

为胡乱涂鸦点赞

——鼓励创造性行为，培养孩子的创造力

创造力就是创新的能力，是指一个人利用现有的信息资源，运用创造性思维，创造出新颖、独特、有价值的产品的能力。其核心是创造性思维。知识、智力、人格等是影响创造力的因素。

在振宇小时候，我们给他报了一个想象力绘画班。与其说让他去学画画，不如说是通过画画来培养他的想象力与创造力。

▶ 一幅淘气的画作竟然得到表扬

有一次，老师让大家画自画像。振宇的自画像呈现的是一个不圆不扁的脑袋，眉毛和眼睛都是斜斜的，不在一条水平线上。我看了心里直嘀咕："这幅画怎么这么奇怪？"教振宇绘画的宋老师研究过儿童心理学，对这幅画竟然大为夸赞："这孩子的画非常有创造力，他画自画像时，是歪着头斜着眼睛照

的镜子，所以，画出来的眉毛和眼睛是斜的，非常生动，与众不同！”

振宇的淘气之举，得到了老师的肯定与鼓励，从此之后，他画画的热情越发高涨，每次上课都能专注地画上3小时，这一画就是4年。

▶ 在绘画中激发想象力和创造力

振宇的笔触也越来越大胆，想象力与创造力与日俱增。他的科幻绘画作品《太空通勤车》表现的是小朋友乘坐通勤车来往于地球、月球和其他星球之间，这幅作品获得了2005年全国青少年科技创新大赛（绘画）二等奖。

绘画为振宇的想象力提供了自由驰骋的空间，恣意想象，他的创造力也随之勃发。现在回想，如果当初振宇怪异的自画像和其他不合常规的画作没有得到老师和我们的肯定与鼓励，很难说他会对绘画产生那么浓厚的兴趣。

由此可见，孩子天马行空的想象力需要家长和老师的共同呵护。而这份呵护来自成年人对孩子的深刻理解与洞察。

给家长的建议

在家庭教育中，家长应该如何培养孩子的创造力呢？我认为应该抓住三点。

1.**鼓励孩子的创造性思维**。让孩子“敢”字当先，即敢想、敢说、敢做。孩子听话是优点，可是太过听话就是缺点了。在家庭教育中，我们要允许孩子说“不”，允许他有不同意见，而不是限制他。这样有利于保护孩子的创造性思维。

我曾采访过一个计算机神童——郭厚佐，他11岁就获得了软件工程师资格证书，13岁被上海吉尼斯总部认证为中国年龄最小的软件工程师。郭厚佐在小的时候，曾把家里的收音机拆开，想看一看有没有小人儿在里面，可是拆下的零件安装不回去了。爸爸见状没有批评他，而是买来收音机的相关书籍，耐心地给他讲解原理。这极大地激发了郭厚佐的钻研精神，从而开启了他的计算机探索之路。郭厚佐15岁考上澳大利亚莫纳什大学，18岁大学毕业后被德国一家跨国公司录用，如今，27岁的郭厚佐已是芬兰一家国际软件公司的技术高管，成为国际软件开发领域的青年才俊。

2.**为孩子创造力培养提供助推器**。10岁前是孩子创造力发展的关键期，家长可结合孩子的特长与爱好着重培养。比如，在力所能及的情况下为孩子请最好的老师，也可以带孩子参加他特长领域的社会活动，让他接触这一领域的领军人物，激发孩子求知与探索的兴趣。

振宇小时候的兴趣爱好比较多，我们尽自己所能为他物色最好的老师。比如孩子喜欢打乒乓球，我多方打听后找到一位50多岁的前世界亚军来教他；孩子喜欢奥数，我邀请到曾培养出两个获得国际奥数竞赛金牌学生的老师给他开“小灶”。这些优秀的老师起到了很重要的启蒙作用，使振宇的潜能得到了充分开发。

3.不要轻易否定孩子的“怪异”举动。当你看不懂孩子在做什么时，不要轻易否定，而要询问孩子是怎么想的，尝试去理解和接纳孩子的行为，让他始终处于轻松自在的状态。因为创造力是一个人的体力、智力和创造性思维达到高水平状态时产生的一种综合能力，受到打击和否定的孩子，他的大脑会进入抑制状态。

家长们可能都知道这个故事：爱迪生小时候看到母鸡孵蛋生出小鸡，就学母鸡的样子孵蛋，爸爸妈妈在鸡窝里找到他时哭笑不得，但没有批评指责他，反而给他讲母鸡为什么能孵出小鸡，并鼓励他不断探索科学奥秘。

父母的“纵容”，支持了爱迪生的创造力发展，推动他最终成为伟大的发明家。假如爱迪生遭到父母的嘲笑或禁止会是什么结果呢？我们还会享受到这些伟大发明带来的生活便利吗？

后来居上的小棋手

——开展有效思维训练，培养孩子的思维力

思维力又叫思考力，是人脑对客观事物概括和反映的能力。思维力是一个人智力的核心，参与、支配人的一切智力活动。好的思维模式可以让人在处理复杂问题时简单快捷，抓住关键，从司空见惯中发现本质与规律。

振宇有很好的思维力，与他交流常常能够感受到他思维缜密且富有逻辑，这一能力主要得益于他从小的兴趣爱好——下国际象棋。

▶ 象棋中的思维训练

振宇6岁时，我们为他报了国际象棋班，当时班上同学普遍都比他早学了一两年，他排名垫底，刚开始的比赛几乎场场皆输。他的好胜心反而被激发出来了，于是，他在家里一有空就背棋谱。没有陪练对手，他就自己和自己下，围着棋盘一会儿跳过来一会儿蹦过去，乐此不疲。他刻苦钻研了一段时间后，

棋艺明显进步，赢的场次越来越多，积分增加令他的排名不断提升。

我每次去接他，他都兴高采烈地拉着我的手汇报战绩和排名，以及他在对弈中都使用了哪些奇招怪招，一谈到对手中招失算，他就咯咯地笑个不停。有时班上布置车轮大战，一个人要同时和五个队友比赛，这对他的考验是巨大的，听他讲解与五个对手斗智斗勇大获全胜的过程，我似乎都能感受到他大脑细胞的飞速运转。

振宇后来居上，成为他们班的超一流高手，先后获得过市级比赛第四名、省级第八名、全国三十多名的好成绩。老师对我说："振宇有成为专业选手的潜质，应该加课了。"我为儿子取得的进步感到欣慰，但同时果断停了他的课，因为我认为学习国际象棋开发思维的作用已经达到了，该给数学让路了。

▶ 从象棋思维到数学思维

国际象棋锻炼了振宇的思维力，帮他在初中数理化学习上获得明显的思维优势，尤其对他的数学能力促进很大。振宇喜欢思考，并从中获得了无穷乐趣。自习课上，别的同学完成了多科作业，而他却花两三个小时变换十几种解法做一道题。振宇对此解释说："我在锻炼我的数学思维，这才是更重要的。"

振宇说，他有一种非常棒的数学思维方法，叫做“归纳总结法”，这是他后来在英国各种竞赛中脱颖而出的“制胜法宝”。他对这种方法的描述是“先研究透典型题，能够做到举一反三；反过来，再将所有题型进行归纳总结，最后把各种数学题型完全掌握。这个方法的好处是每种题型只需做一两遍题，省下别人几十遍重复做题的时间”。

给家长的建议

全球创新思维之父爱德华·伯诺说过，思考的质量决定未来的质量。那么，在家庭教育中，家长应该如何培养孩子高效能的思维力呢？我认为应该做好三件事。

1.找对培养思维力的途径。振宇在2014年参加英国奥数国家集训队时，发现队里21名同学中有十六七人是英国国家国际象棋队或预备队的成员，他们从小就学习国际象棋。由此可见，学棋有助于优质思维模式的建立。

因此建议家长教孩子多玩一些棋类游戏，比如跳棋、军棋、五子棋等。

2.进行有效训练。传统的教育只是传授知识，把知识的系统学习当作教育核心任务，而好的教育应该是把培养正确的思维方式放在教育中心位置。

思维导图是一种很好的思维训练方法，由英国心理学家托尼·博赞创造，旨在激发人类大脑的潜能，实现思维过程的可视化，激发大脑的创造性思维。

孩子运用思维导图，可以有效提高阅读、写作、思维等效率。

3.营造好的学习环境，让孩子能安静地思考问题。我把振宇的书房墙壁刷成淡绿色，在书房窗台上摆放盛开的茉莉花，这样淡淡的颜色和花香有助于孩子身心愉悦与放松。客厅横梁上挂着拳击沙袋，每当学习累了，振宇就会戴上拳击手套发泄一番。在他学习和思考时，我们从不去打扰他，做饭、走路都蹑手蹑脚，尽量不发出声响。

跟大人聚会的少年

——创造与外界接触的机会，培养孩子的社交力

社交力，又叫社交智力，指与人交往且能和睦相处的能力，比如，理解别人的行为、动机和情绪。良好的社交力是未来公民的核心竞争力。

振宇在参加英国奥数国家队期间交了很多好朋友，这让他进一步发现社交能力在英国的重要性。暑期回到家，他对我说："我要好好锻炼我的社交能力，因为在英国社交能力在一定程度上比学习还重要。"

回国后的振宇开始联系初中同学，假期被他安排得满满当当，和谁见面，先见谁后见谁，井井有条。因为他的到来，初中同学的聚会明显增加，大家都说是他的功劳。

有一次，振宇对爸爸说："爸爸，我现在跟您一样，也有两个非常要好的朋友了！"振宇的爸爸有两个非常要好的朋友，每到关键时刻，他们总是挺身而出，这一度让振宇很是羡慕。振宇在十六七岁时以交到挚友为荣，显示出他对人生的审视与思

考，他不是传统意义上只会学习和考试的“书呆子”了。

上了剑桥大学后，振宇对社交的热情更是高涨。假期刚接他回家，他就迫不及待地跟爸爸提出想跟大人聚会聊天的要求，他爸爸马上应承并开始召集好友聚会。聚会中，振宇仔细倾听大人们的对话，时不时地加入进来和大家一起讨论，虽然他还是孩子，但是大家相处都没有违和感，交流异常顺畅。我至今记得，饭局后好友们交相称赞振宇是个成熟的小大人儿，有思想，有见解。剑桥大学毕业后，振宇回国创业，擅长与人打交道成为他极大的优势，我多次见到投资者被他说服并主动要求投资的场面。

社交力是一个人打破自身局限、与外界建立紧密连接的能力。一个人拥有高效的社交能力，全世界都会向他敞开怀抱。

给家长的建议

如何培养孩子的社交力呢？家长可从以下4个方面着手。

1.身教重于言教，做好孩子的第一任老师。父母是孩子最好的老师，我想让孩子学会什么，父母首先要做好示范。在振宇小时候，我都会蹲下来，看着他，和颜悦色地跟他交谈。每次进他的房间，我们都要敲门。他的小朋友来到家里，我们都热情招待，并留出空间让他们尽情玩耍。在我们的言传身教下，振宇学会了如何与人交往，进我们的房间时也会敲门；家里来了客人，他会端来水果，并坐在一旁陪着聊天。

2.教孩子一些具体的社交方法和技巧。比如，教会孩子使用礼貌用语——您好、谢谢、请、对不起、再见等。教孩子用对方能接受的方式与人交往，比如，当孩子想要参加小朋友的游戏时，可以教他友好地发问：“我可以参加你们的游戏吗？”或者“我可以和你们一起玩吗？”当孩子与别人争抢玩具时，家长要耐心引导，鼓励孩子说出自己的想法，征得对方同意，而不是蛮力争抢。

3.多给孩子创造社交机会。家长要鼓励孩子多交朋友、多串门，多邀请小朋友到家里玩。当孩子的小伙伴到来时，家长要学会后退一步，由孩子来做主角，而不是总冲在孩子的前头。适当地带孩子参加各种聚会，让孩子在具体的场景中，学会与人交往、友好相处。

4.及时赞美，正向巩固社交能力。赞美如同阳光，让生命绽放。当孩子在人际交往中有出色表现时，家长要充满激情地给予赞美，最好能够加上肢体语言——亲一下或抱一抱，这对孩子都是非常棒的鼓励，孩子就会懂得什么行为是对的，并不断强化练习。

第　　二　　章

父母的格局
和教育规划力

国际大赛间隙的直播分享

——坚守“人是目的”的生命教育观

教育的终极目标到底是什么?

这是我有了孩子以后一直在探索的课题。教育只是手段，那什么才是目标呢?思想家康德的话“人是目的”对我来说是最佳答案。是的，独立、健康、完整、丰盈的个体生命，才是教育的终极追求。从这个意义上讲，“教育”天然地具有生命属性，或者说生命离不开教育，且必定是教育的结果。

在振宇的成长过程中，我始终坚持“人是目的”的生命教育观，无论他做出怎样的人生选择，我都全力以赴地支持他、鼓励他，让他感受生命的自由与舒展。因为我知道，他最终要成为的是他自己，我为他所做的一切，就是为了让他成为他应该成为和想成为的那个“自己”。

▶ 国际赛事中忙里偷闲做直播

2014年7月，振宇在参加南非国际数学奥林匹克竞赛

（International Mathematical Olympiad，IMO）和美国国际大学生数学建模比赛时曾用文字在网上做直播。作为母亲，我觉得振宇在文中呈现出来的那种激情、斗志和快意，就是我所理解的最好的生命状态，我相信这也是所有母亲都希望孩子具有的生命品质。

当我把振宇的直播文字转给家人和朋友们看时，他们无不对振宇惊险刺激的比赛经历和他那富有感染力的文字赞赏有加。

我的好友子寒评价道："振宇的文字生动传神，看得我心惊肉跳，手心冒汗。虽然有些数学方面的内容我不太懂，但完全被带入那战斗般的激情时刻，感受到了那紧张刺激的氛围。"

您也许要问，参加世界级比赛耗费大量时间和心力，为何振宇在比赛间隙还要花那么大气力把整个比赛过程写出来并发表在网上呢？振宇此举恰恰是我认为比参赛更有意义的地方。

▶ 乐于分享

前文提到，振宇初中毕业那年为准备出国而辍学在家，那段时间他在网上结交了一些数学爱好者。当他把不会做的题抛到网上，总会有人给他提供解题方案。

我曾担心他一个人在家自学会寂寞无聊，可是我每次回家都能听见他的笑声。这些数学爱好者的陪伴和帮助，使得他没有在数学森林里迷路和感到孤独。后来，每当振宇参加重大国际比赛，他都不忘第一时间向网友们分享他的比赛经历和感受。“爱出者爱返”，这种乐于分享、心怀他人的意识与胸怀，不正是一个未来公民应有的素养吗?

说实话，在看振宇的直播为他叫好的同时，我也很为他捏把汗。我担心精力分散会影响他的比赛成绩，事实上也多少受了影响，按实力他该夺金牌时只摘了银牌。但事后我发现了他直播的价值，很多网友一直关注他的直播，称赞他的直播就是一场数学的饕餮盛宴，有的网友反馈说，因为看他的直播而爱上了数学。

振宇对我说：“多年以后，人们会忘记这次比赛谁得了金牌和银牌，但是这个直播记录会留在一些人的心底。”

▶ 理解并支持孩子的选择

可以说，在振宇能决定的事情上，他几乎都是按照自己的真实想法和独立思考完成的。振宇说，剑桥大学的课有深有浅，他根据自己的学习节奏选择上哪门课和不上哪门课。

虽然这么做显得不够珍惜我们为他付的学费，但是我从未因此批评过他。我相信，他的选择一定是最适合他自己的，因为从小就特立独行的他，务实高效的思维模式已深入骨骼与血液中，融入他所做的每件事中。

让我们欣慰的是，振宇不是刻板的“书呆子”，他的生活像欢快的山泉，自由流淌，充满情趣，总有大胆非凡的“创举”，总能带来意想不到的惊喜。

在剑桥大学毕业季晚会上，振宇竟然上台表演了当时特别流行的日本舞《极乐净土》。我和他爸爸对于他的这一“创举”钦佩极了。这个理科男孩的文艺调调，真的不可小觑！

这就是振宇，一个会学、会玩、敢想、敢做，心中有诗和远方，勇于迎接挑战的阳光大男孩。我相信，在未来的路上他会有更多的探索与创举，会有着独特而精彩的人生。

对我而言，这就是教育的真谛与意义所在。

给家长的建议

在这里，我跟大家分享一点感悟，那就是培养孩子时我们会有很多目标，而学习好只是其中一个小目标，更大的目标是培养一个正常的、合格的、有高素质的人，我们应着重培养孩子以下几种素质。

1.**善心和爱心**。善良和仁爱应成为孩子的核心素质，如同大厦的地基一般，地基松动，则大厦危矣。

2.**感恩和分享**。知恩图报和利益共享是成人世界中被广泛认可的“法则”，有了这两种品质，不愁没有朋友相助。

3.**自省和上进**。能够内观，愿从自己身上找问题，追求进步和卓越，是一个人不断取得成功和飞跃的重要心理素质。

走上数学之路

——科学评估，为孩子做好人生规划

有规划的人生和没有规划的人生，虽然只是一个环节的差别，结果却可能是天壤之别。人在幼年及青少年时期，大脑与心智模式处于快速发展阶段，家长越早为孩子做生涯规划，孩子就会越早树立明确的人生目标，他的意志力、耐力、胆识等人格特质就会得到更充分的磨炼与发展。

▶ 数学启蒙

在北京师范大学心理学院的进修让我幸运地明白了早做规划这个道理，所以在振宇8岁的时候，我和先生就探讨振宇未来最适合做什么样的工作。我找来一套生涯规划科学测试题让振宇做，50道题的综合测试结果是，他未来适合从事与数学、物理有关的工作。对此，我一开始有点儿半信半疑，因为振宇在10岁前没有充分表现出数学方面的优势，那时还没学物理就更看不出来他在这方面是否有优势了。

我们有一个教数学的好朋友，他培养的两个学生获得过国际奥数竞赛金牌。他不止一次跟我说过，数学是思维的体操，是一切学科的基础。学好数学，人生会立于不败之地。他的这一观点深深影响了我，我决定把振宇往数学这条路上引一引。

振宇上小学三年级时，我特意带他上一位大学教授的数学课，可听了两节课后，他说什么也不上了，理由是听不懂。我分析可能是这位教授讲的课对他来说太高深了，这才使得他对数学无感。于是我从厚厚的课外班宣传单中又找到一个数学班，去了课堂一看，我倍感失望，但老师幽默的教学风格吸引了试听的振宇，就这样我们报了名。

学了一年后，我感觉振宇虽然喜欢上数学了，但是这个小班难以给他带来大幅提升。经多方打听，我找到了一个更适合振宇的班级，便把他转到这个有近百人的大班里。该班重视考试，以赛带学，每次考试都排名，这让好胜心强的振宇产生了浓厚的兴趣，因为有国际象棋比赛的底子，竞赛型选手的他越学越有劲儿，一开始排名垫底，后来不断攀升，临近小学毕业时他可以稳定在前几名。

随着振宇对数学的兴趣激增和成绩向好，我越发坚定了这一人生规划：让数学成为他立身之本。所以，在国际象棋老师提出给他加课向专业运动员发展的建议后，我立刻意识到这样会影响数学学习，而数学却是我眼中最重要的。经过权衡，我果断决定终止国际象棋课，让振宇有更多时间投入数学学科。在随后的小升初择校时，我和先生经过权衡，决定放弃按划片可以自然就读的体制内重点初中，让振宇报考了一所以数学作为择校唯一测试科目的民办初中。

▶ 数学路上的挫折和披荆斩棘

振宇的数学之路并非一帆风顺，不断出现的问题和挫折，反复考验着我们的定力。

上了初中后，振宇的数学成绩并不突出，考试时总是错这错那。他对此的解释是："我的数学能力是不能用数学成绩来检验的。"我当时不太明白他的话，只觉得他是在找借口。他一意孤行，后来还发展到上数学课不听讲，偷看高中数学教材，老师为此狠狠地训斥了他。我也很恼火，但振宇坚持认为老师讲的他都会了，没必要重复学。

后来，随着跟他交流增多，我慢慢理解了他的想法。振宇的同学经常是每个题型做几十遍，考试时不须任何思考直接就能写出标准答案，自然可得高分。但是振宇一般一个题型只练一两遍，思考更多的是这道题可不可以有10种解法，可不可以设置10个延伸的问题。这种做法提高了他的数学能力，但是因为固定题型练得少，试卷上的题对他来说大多很陌生，需要经过思考才能做出来，用时自然就比其他同学多，规范性也差。

这才是他数学成绩总是不能得高分的症结所在。

父母的认知和抉择

我们是要一个对数学有浓厚兴趣和坚守数学梦想的孩子，还是要一个按部就班、擅长考试的孩子？这成了我们当时必须做的选择。

因为早早帮儿子做好人生规划，所以我们毫不犹豫地选择了前者，这也成为我们决定送他出国留学的一个重要因素。现在回过头看，幸亏有了明确规划，这才让我在面临选择时能有一个思路清晰的判断。

可是我注意到，在现实生活中，一些家长没有意识到帮孩子做人生规划的重要性，他们盲目从众的做法让他们付出了惨重代价，使自己和孩子都成为受害者。

我归纳了一下，不懂得人生规划的家长有以下两种类型。

一类是不管型，以工作忙碌为由对孩子大撒把，缺少应有关注。

另一类是全管型，放弃事业与生活，把全部精力投放在孩子身上，孩子被过度的爱压得喘不过气来。

这两种极端的家庭教育模式都要不得，智慧的家长应当从制订孩子的人生规划做起，让规划引领你的孩子走向人生巅峰。

给家长的建议

如何帮孩子做好人生规划呢？

1.在孩子擅长的领域，尽你所能找一个最好的兴趣班和最好的老师。最好是一对一教学或小班教学，这样孩子可以得到老师有针对性的指导，学习会更有效，起到事半功倍的作用。上兴趣班的要领一是少而精，二是坚持。如果是孩子真心喜欢的兴趣班，有一个足矣。一旦开始学习，就要持之以恒，不要半途而废。与学习内容相比，持之以恒磨炼出的耐力与毅力更为重要，这种非智力因素的意志品质会影响孩子一生的成就。

2.尽可能多地让孩子参加各种含金量高的国内外竞赛。让孩子在竞争中经风雨，见世面，磨炼坚韧的意志力，造就百折不挠、愈战愈勇的强大心理与阳光心态。

3.在小学三四年级时给孩子做一次科学的生涯规划测试。测出孩子的优势发展学科，有的放矢地进行特长培养。

要不要为孩子择校

——重要节点帮孩子做好规划和选择

人生成败往往是由关键时刻的选择决定的，明智的选择会避开暗礁雷区，错误的选择可能会带来无尽的苦难。在孩子成长的转折点，一个小小的选择失误，都有可能会产生蝴蝶效应，最终影响孩子的前途。

▶ 任何选择都要符合规划

在振宇成长过程中，我也有选择失误的时候，所幸通过学习与反思，及时吸取教训并做了补救。可以说，在振宇几个重大人生转折点上，我幸运地做出了明智选择，现在回想起来我都后怕，假如我当初做的不是那个选择，后果简直无法想象。

在振宇6岁时，他面临着上哪所小学的问题，我当时并没有概念，想当然地认为要去大家公认的全市最好的小学。于是，振宇在众人羡慕的目光中上了我们当地那所远近闻名的小学，可是上学没多久，他就显露出痛苦的神情。一问才知道，班上有五六十名学生，教室容纳不下，上课时三个孩子使用两张单人书桌，有时他得侧着身子上课。而且学校操场太小，老师不允许学生自由地奔跑。

狭小拥挤的校园不仅束缚了振宇的运动天赋，而且险些给他造成心理阴影。一次课间，振宇玩篮球，不小心将球砸在一个同学的头上。老师通知振宇的爸爸带着这名同学去医院拍了片子，还好没有什么大碍。但是，从那以后，振宇很长时间都没敢再碰篮球，变得少言寡语、闷闷不乐。

在这所大家公认为本市最好的小学里，振宇一直不开心，这成了我最为懊悔的一个选择。我希望儿子全面发展，尤其是要健康快乐、积极乐观，可是振宇在这所学校里呈现的状态并不让人乐观。

这件事给我以警示：但凡涉及孩子的事情，绝对不能想当然、随大流，任何选择都要符合规划。所以，后来当乒乓球教练、国际象棋老师相继建议振宇走专业选手路线的时候，我马上终止了训练和课程，因为这不符合我对振宇的未来设计。

▶ 选对赛道，才能跑得更快、更远

振宇不愉快的小学生活终于结束了，小升初——一道更重要的选择题摆在我们面前。按当年的升学政策，振宇可以对口升入的中学是市重点。这对他的大多数同班同学来说是再好不

过的事情，可是这一次我吸取小学择校失误的教训，决定不图虚名，在认真调查和权衡之后选择了一所数学尖子集中的民办初中。

通过学习教育心理学，我知道上初中的孩子受同伴的影响远大于受教师的影响，如果好同学和好老师不能兼得，那更应该倾向选择好同学。这所以数学竞赛成绩为选拔原则的民办初中，选拔了全市数学水平相当高的一批学生，相信与他们在一起会让喜爱数学的振宇找到归属感。

振宇如愿以偿地考上了这所民办初中，从此，他每天回家都兴高采烈。他说他的同学们学习数学都到了痴迷程度，自习课上大家经常为攻克一道数学难题而自发围成圈一同探讨。

有一次，振宇对我说："妈妈，你帮我买一套高中数理化的教材，我们班同学都在自学，我也不能落下。"我听了又惊又喜，没想到择校的成果这么快就立竿见影，同学间的竞争取代了我的监督，还有什么比这更让人高兴的呢?

可以说，这次正确的选择让振宇从此步入人生的阳光大道。这不禁令我感悟到：选对赛道，才能跑得更快、更远，有智慧的父母要帮孩子在每个重要节点做好规划。选对赛道，做出睿智的选择，这才是家长送给孩子最好的人生礼物。

给家长的建议

对于孩子来说，在小学和中学阶段，选一所适合的学校至关重要。对此我的建议是如下。

1.选择小学的原则：离家不要太远；考察学校的教育理念是否先进，是否尊重孩子，是否鼓励孩子创造力的发展；学校是否有足够开阔的空间满足孩子运动和玩耍的需要。

2.选择中学的原则：要选择学生素质普遍较高的学校；校风一定要好，没有攀比风气；学校有创新理念，注重素质培养。

出乎意料地选择了教育行业

——接受和支持孩子不断变化的人生规划

成功来自规划，但孩子的自我规划会随着自身的发展而变化，这是很正常的现象，说明孩子在成长过程中在进行自我探索，家长应该给予理解、尊重与支持。

▶ 从篮球梦到考精算师

初二时，振宇非常迷恋篮球，他不仅在同学中是打得最好的，跟他爸爸等一众大人玩也不落下风。有一天临睡前，他突然跟我和他爸爸认真地说："我要当一名美国职业篮球联赛（NBA）球员。"尽管这个梦想很离谱，但是我仍鼓励他说："好啊，从现在起，你得进行大量高强度的艰苦训练才行，加油！"后来林书豪在NBA名声大震，更激发了振宇打球和想进NBA的热情。

上了剑桥大学数学系之后，振宇受同学影响积极备考国际精算师资格考试。当他把这个目标告诉我时，我说："好啊，妈支持你！”考精算师需要通过多门考试，难度极大，振宇经过努力通过了两门。那时，我以为他未来的职业就锁定精算师了，可是大二暑期他在“四大会计师事务所”中的两家北京机构实习后，又觉得精算师这个职业过于呆板枯燥，并不适合自己，他更喜欢跟人打交道和自己掌控时间，于是果断终止备考。

▶ 自己确定人生目标

对于振宇未来做什么工作，我其实是非常重视的，跟大多数家长一样，希望孩子能有立身之本。以他剑桥大学数学系的背景，我期望他从事金融、互联网等行业，但是我从未对他说起我的愿望，我知道，职业规划这样的人生大事必须由他自己来做主。

在临近毕业的一次通话中，振宇提到他辅导的一个学生的妈妈介绍他去香港某金融机构实习，如果表现优秀还可以留在那儿工作。我说：“这机会不错，你得抓住！”“我已经拒绝了。”振宇斩钉截铁地回答，“我思考了很久，并且已经做了决定，我要回国创业搞教育。“当老师？！”我脱口而出。“是的，我从当老师做起。”振宇异常坚定地说。

我知道，振宇从上大一开始就辅导他高中时的学弟学妹，在大学近三年时间里经他辅导的7名学生全部考入剑桥大学数学系。有位学生家长慕名而来邀请他给想考世界名校的学生授课，消息一发布，报名者竟然络绎不绝，这让振宇感受到了学生和家长对好教师的渴盼之情。振宇曾由衷地对我说："如果能帮更多的孩子掌握好的学习方法，提高成绩，成为人生赢家，真的是一件挺有意义的事。"

我对振宇有很多期许，说实话，真的没有当老师这一项。可是我相信当老师这个决定肯定是他深思熟虑的结果，我必须接受并祝福他。如今，三年的创业实践已充分证明他是对的，他辅导了很多学生考上了牛津大学和剑桥大学，他的事业发展突飞猛进。

从振宇的成长经历中可以看出，调整一个适合孩子的生涯规划，对孩子成长的意义是非常重要的。

给家长的建议

什么样的生涯规划是适合孩子的呢？我认为应具备三个要素。

1.**有科学依据**。我们为振宇做过专业的生涯规划测试，结果显示他的优势学科是数学和物理，后来以此为指导来推动他的成长。振宇在英国高中选科时果然选择了基础数学、高阶数学和物理，这三科毕业成绩都是A^{+}，而三个A^{+}是保证剑桥录取的必要条件。

2.让人热血沸腾。生涯规划要能够点燃孩子内心深处的渴望，燃起他的全部热情，要能激发他内心深处的那个点。

3.有时间表和任务书。要有详细的任务书，明确目标在什么时间完成，有分步时间表，切忌没完没了，拖拖拉拉。还要有具体的实施细则，保证每个步骤有可操作性。

一边养娃一边攻读硕博学位

——跟上孩子的成长节奏

如今，我们所处的信息时代日新月异，身为家长，如果不积极学习，更新观念，很可能落后于时代，跟不上孩子的成长频率。这就好比鱼缸里的鱼已经长大，小小的鱼缸装不下鱼时，我们必须换一个更大的鱼缸，让鱼畅快地游来游去，可是我们手里拥有更大的鱼缸吗？

为孩子改变职业方向

在振宇上小学一年级时，我主动要求离开电视台的核心部门——新闻部，调到少儿部。我当时的想法就是通过办少儿节目，学习更多育儿经验，走近儿子，与儿子共同成长。我还利用假期去北京师范大学读了教育心理学研究生课程，倒不为学历，重要的是为了更深层次掌握少儿心理。我利用所学知识创办了一档儿童心理电视节目《心事箩筐》。同时，我还将教育心理学知识用在振宇身上，比如用行为疗法帮他克服马虎和丢三落四的毛病。

我把振宇和他身边小朋友常有的困惑和问题作为《心事箩筐》节目的选题，郑重其事地邀请他提出意见和看法，还请他为我们少儿频道的另一个娱乐节目选择游戏、奖品和礼物等。渐渐地，振宇的性格由偏内向变得开朗大方，愿意与人交往，而且越来越自信。小学三年级时他主动报名参加班级体育委员的竞选，并高票当选。

▶ 父母当先自强

我对自己的规划是，我要在36岁之前完成个人心理的成长与培训，让我的人生驶向更开阔的领域。为此，我完成了苏晓波精神分析体验与高级督导课程，参加了来自德国、新加坡、中国台湾、中国香港地区的各种流派的心理学工作坊，并获得了国家二级心理咨询师从业资格。

为了更好地提升自己，我还完成了中国人民大学哲学院的研究生课程。我先生也没闲着，在10年时间里完成学位两级跳，成为企业管理专业硕士和新闻学博士。在我们家里，经常会出现三个人一同安静看书学习的温馨画面。

2012年，我的职业生涯面临又一次转型，我随先生工作调动来到北京。受益于此前心理学的学习与积累，我受聘于《中国记者》杂志，成了“媒体人心理医生”专栏作者，为媒体人撰写心理科普文章，这一写竟坚持了一年。此外，我还受聘为一名家庭教育与儿童心理学讲师，为家长们开展亲子教育讲座近百场。

家长是孩子最好的榜样，你希望孩子什么样，首先自己要做到。我很欣慰在伴随儿子成长的同时自己也在成长，并且通过学习更好地读懂了他，与他更好地交流、相处，在收获学业、事业成就的同时也收获了为人母的成就与快乐。

有的家长一提起学习就会摇头说：“岁月不饶人，年纪大了学不动了，再说也来不及了。”真的如此吗？老年模特王德顺79岁走上国际时装节的舞台，他说过一句经典的话：“人的潜能是可以挖掘的，当你说太晚的时候，一定要谨慎，因为它可能是你退却的借口。”所以，为了孩子，父母当先自强！

给家长的建议

我认为，家长加强自身学习可考虑做如下三件事。

1.**读在职研究生**。不是为了学历而学，而是结合自身工作或家庭教育的需要有针对性地学，这样才能学以致用和坚持不懈。

2.**结合兴趣学一些课程**。发掘孩子的兴趣很重要，发掘自身的兴趣同等重要，比如书法、绘画等，既陶冶情操，又能给孩子提供指导。

3.做到随时随地学习。不一定非要正儿八经地坐在课堂上学，看书是学习，线上听音频节目是学习，与人交流同样是学习，关键是要拥有一颗乐于学习、提升自我的心。

第　三　章

保护天性，让孩子摆脱“拧巴”状态

就让他用左手写字吧

——尊重和释放孩子的天性

我在做讲座的时候，很多妈妈向我诉苦："我家孩子一天到晚就想玩，不想学习的事儿，唉！""我家孩子脾气犟，十头牛都拉不回来，真愁人！"……

让家长烦恼的这些问题，其实换个角度来看，都是孩子的天性。所谓天性，是指一个人一出生就具有的秉性。比如，喜欢玩和脾气犟其实都是孩子的天性。喜欢玩，说明孩子的好奇心旺盛，喜欢探索未知世界；脾气犟，说明孩子做事有韧性，性格坚毅。

身为家长，我们应该学会看到孩子天性中闪光的一面，给予理解和尊重，想办法让孩子天性中那种与众不同的天分得以尽情释放，这样孩子才会成为最好的自己。

▶ 左手写字，顺其自然

振宇天生是左利手，就是我们常说的左撇子。学龄前，他用左手吃饭，用左手做手工，甚至用左手画画都没有问题，可是上了小学，问题来了，他用左手写字行吗?

我们知道，学写字先要学笔画，所有的生字笔画都是按照右手书写的习惯设计的，而用左手写字就意味着笔画的书写都是反的。此前我们曾送振宇上过书法课，老师看他左手执笔，竟不知道怎么指导他写毛笔字，非常抓狂，上两节课后就给他停课了。

一开始，我们也逼着振宇改用右手写字，他非常不情愿，字写得又慢又丑。每次趁我们不注意，他就偷偷地改回左手，结果字写得一团糟，左右偏旁经常写反。这令我们头痛不已。

后来振宇的班主任看出了问题，对我们说："为了孩子身心健康，还是让孩子改回用左手写字吧，至于笔画书写是否规范，就顺其自然吧。"于是，振宇高高兴兴地改回了左手写字，他的笔画书写完全是随心所欲，书写过程令人不忍直视。我忍不住焦虑，所以只好尽量不看他写字。

▶ 尊重和保护天性的勇气

尊重和保护孩子的天性，这是一句似乎谁都懂的话，可真正在生活中做起来，并非易事。尊重孩子的天性，意味着孩子喜欢的事也许会和社会的主流价值相反，意味着在很长一段时间里家长要承担决策可能失误的风险，意味着要与孩子共同面对挑战常规教育的压力。

现实生活中，很多家长扛不住这样的风险和压力，采取否定与打压的做法，残忍地关上孩子心灵与天性的大门，还美其名曰：“我都是为你好！”

在咨询中，我遇到这样一个案例：一个初一女孩很不喜欢学数学，可是为了提高数学成绩，她妈妈强行给她报了一个数学课外班，结果每次数学课外班考试，她都排在最后一名。女孩心里有非常大的挫败感，最后不仅数学课外班没有坚持下来，还对数学彻底失去了兴趣。因为长期情绪郁闷，她患上了抑郁症，一度辍学在家。这个女孩原本具有极高的写作天赋，好好培养或许能成为作家，可是妈妈硬让她在自己最不喜欢、最不擅长的方面下功夫，结果酿成女孩的悲剧。

无论是研究成果，还是生活实际，都一再告诉我们：每个孩子都有天生的、优于别人的特质与禀赋。孩子的天分如果能得到充分发挥，未来不可限量；反之，如果受到压抑，老天都不答应，会惩罚你的逆天之举。

所幸我没有做逆天之举，呵护孩子的天性，最终也给我带来了回报。振宇左手写字不断提速，最终跟上了其他同学的节奏。

更让人惊喜的是，他似乎变得更聪明了，凡是国际象棋、数学等需要动脑的项目他都显示出很大优势。后来，我了解到，左利手的孩子右脑开发得非常充分，想象力、思维力与创造力都会得到极大开发。尤为难得的是，振宇收获了自信、快乐的心态。

振宇留学后，有一次放寒假回来，兴奋地对我说："妈妈，我在英国奥数国家队中发现，大多数人都是左撇子，他们的国际象棋水平跟数学水平一样高。"我听了以后，心里暗自庆幸，忍不住想到一个场面："在这个奥数国家队里，右利手的同学显得多么另类啊！"

给家长的建议

家长应该如何保护孩子的天性呢？我们来逐一剖析。

1.保护孩子天性，家长要承担一定的风险与代价。比如，左手写字势必影响书写规范，或许孩子的卷面整洁度会受到影响，或许孩子的语文考试成绩会不尽如人意，但这些只是暂时的。如果能把眼光放得长远些，看问题深入些，就会意识到牺牲短时间的成绩，换来孩子内心的自信与勇敢，换来孩子开朗快乐的性格，是一件多么划得来的事情！

2.保护孩子天性，家长要学会因势利导，看到孩子天性中积极的一面。好动在一定程度上会影响孩子专注做事，表现为上课不认真听讲，写作业时经常"溜号"，家里物品经常会被损坏，等等。如果家长的眼睛总盯在这些事情上，就会头痛不已。可如果你鼓励孩子培养运动方面的一技之长，鼓励孩子多参加比赛，多让孩子做一些与动手操作有关的事情，比如做手工、做家务、做一些科学小实验，孩子就会收获满满的成就感，也会因此获得无比的乐趣。

3.保护孩子天性，家长要多想办法，为孩子量身打造适合的路径与方法。“成功千条路，总有一条适合你。”比如，喜欢动手制作的孩子，往往能轻松玩转一个魔方、拼搭一个乐高玩具、完成各类手工创意拼贴。

在动手制作中，他们会找到自由自在、无比愉悦的感觉，甚至达到忘我的高峰体验。

针对喜欢动手制作的孩子，家长平时应该多创造机会和条件，为孩子提供充足的材料，给孩子足够的时间，让他充分发挥自己的想象力和创造力，去“创造”属于他自己的世界。未来可以为孩子选择需要动手操作能力的专业，比如，计算机通信专业、工艺美术、雕塑等。

还有一个很好用的办法，当家长感觉没有好思路与好方法的时候，可以向专业人士求助，也可以到网上或图书馆查找相关信息，借鉴参考。

打游戏，打成剑桥第一
——保护孩子的好奇心和玩耍心

在各种各样的天分背后，所有孩子都有一个共同的天性，那就是好奇心与玩耍心。孩子的天性是喜欢探索新事物和做有趣的事情。

有的家长跟我说：“我的孩子学习成绩特别好，可他有一个跟学习不沾边的爱好，似乎也有这方面的天赋，我该怎么对待？”这的确是个问题，是选择保护和尊重孩子的天分，还是让孩子放弃爱好全身心投入学习？不同决定的结果是大相径庭的。

▶ 当孩子的爱好不符合你的期待时

家明是我的一个来访者，今年17岁，现在本应该读高中三年级，可是他辍学了，在一家咖啡厅里做服务生。辍学前，他的学习成绩非常棒，曾经在当地最好的初中排到班级前三名。

一个偶然的机会，家明迷上了自行车骑行，他经常放学后一个人骑自行车穿行于城市的大街小巷。随着对自行车运动的深入学习和了解，家明对世界上所有种类的自行车如数家珍，他推断，随着人类保护生态环境的需要，人类对自行车的需求会越来越强烈。于是家明萌生了创办一家自行车店的想法，想暂时辍学。

望子成龙的妈妈无法接受他的决定，认为他是轻率地断送大好前程，因此对他大发雷霆。正处于青春叛逆期的家明头脑发昏，和妈妈发生了激烈冲突，盛怒之下拿起斧子把家里的家具、电器砸了个稀巴烂。家明的妈妈当场晕倒，被送进了医院。她万念俱灰，甚至想到了割腕自杀。而家明毅然决然地选择了辍学打工。

听到这个故事，我的心情非常沉重。一万个孩子里不一定有一个孩子对自行车酷爱到这种程度，也许家明在这方面是有过人天分的，可是因为妈妈的强烈反对，家明与梦想失之交臂，甚至连正常学业也不能完成。

家长口里常说要尊重孩子，可是真的面临风险与不确定性时，尊重就变成了否定，民主就变成了专制。本应该由孩子去承担的成长风险与体验，被家长以爱的名义剥夺了。而这看似“爱”孩子的做法，又是多么残酷无情！

▶ 打游戏并非一无是处

其实，我也曾面临这样的问题。振宇是个资深游戏玩家，打游戏与学数学对他来说同等重要。他在电脑上玩得不亦乐乎的时候，我看得很着急，担心影响学习，也考虑过强行关掉它，可思忖再三我没那样做，因为我知道，关机容易，关闭了他的心扉就得不偿失了。于是，我问他："打游戏会不会影响你学习？"他回答说："不会！打游戏是我的最佳休息方式，可以促进学习呢。"

我从不质疑儿子的话，他说能促进学习，我就相信一定能，但我还是提醒他要节制。游戏是他生活中的重要部分，我敢说，在他留学的六年时间里，打游戏的时间不会比学习的时间少。

振宇是剑桥大学电竞社的社长，获得过剑桥大学电竞比赛的第一名。看到他的这个奖状，我真不知道该不该为他高兴，他则骄傲地说："只有聪明的人才能把电竞打到最高境界，国内最强的电竞队就是北大队。"

后来，我又发现，打游戏对振宇的帮助是巨大的。他不但收获了许多欢乐时光，而且培养了竞技性格和不怕输的精神。更重要的是，游戏对他来说，也是一种社交方式。打游戏让他不断认识新的朋友，大家可以一边打一边聊，增进感情。他的早期创业合伙人是一位剑桥物理学霸，他们就是通过打游戏相识相知最后决定一同创业的。

振宇的成长经历让我更坚信，玩耍是孩子的天性，也是孩子认知自我和世界的方式，通过玩耍，孩子可以全身心地体验式地认知世界、探索环境，并学习自我创新。他们的玩耍看似随意和任性，其实是在潜移默化中获得信息，发展智力，开启思维。所以，智慧的家长面对爱玩的孩子，与其“堵”，不如“疏”。

给家长的建议

孩子喜欢打游戏，家长怎么办？可以三招制胜。

1.**借力打力**。以游戏作为奖励手段，家长可与孩子签订君子协议，把家长希望孩子做的事和孩子希望家长做的事列出来，协商好后写下来，如果孩子做到了，家长应按协议给予奖励，比如奖励打1小时游戏。

2.**四两拨千斤**。家长可以把最想让孩子做的事情与打游戏连接起来，起到四两拨千斤的效果。孩子喜欢打游戏，用好了也是一件好事。

我在振宇小学三年级的时候，特别希望他能够背诵一些中国传统文化经典作品。所以每当振宇向我提出打游戏的想法时，我都会高兴地说：“好啊，可是妈妈有一个条件，一边打游戏，一边听经典作品诵读。”于是振宇爽快地答应了。他飞快地坐到电脑前，我也飞速地按下了播放键。

就这样，在游戏中振宇熟练背诵下来《笠翁对韵》《弟子规》《老子》《大学》等国学经典。后来振宇以体验的心态参加中考（当时已经决定出国上高中了），在没有任何准备的情况下，语文居然考了100分（满分120分），比很多同学分数还高。他对我说："妈妈，好奇怪，文言文部分我从来没复习过，可是考的内容我都会。"我笑着对他说："那是因为你熟练背诵了国学经典，文言文知识已经潜移默化地融入了你的血液里。"

教育心理学研究发现，每个人都有自己独特的学习通道。通过心理测试，振宇的学习通道是听力。通过听，他可以实现高效学习与记忆。我利用振宇爱打游戏的心理需求，将游戏与听经典作品诵读连接起来，实现了四两拨千斤的学习效果。

3.为孩子打游戏开辟一片新天地。过去一提到打游戏，家长就都愁眉苦脸。现在时代不同了，游戏不再如"过街老鼠，人人喊打"了，而是"登堂入室"。目前，国内已有数十所大学开设了游戏动漫专业。未来，文化创意产业将成为中国发展的支柱产业之一。所以，孩子喜欢打游戏，并不是一件天塌下来的事，相反，如果引导好了，这个爱好也可能成为孩子未来发展的助推器与加分点。

克服阻力去留学

——孩子有出息，缘于父母对其天性的呵护

很多家长对我说：“你儿子是天才，我家孩子比不了，我做啥都没用。”每每听到这样的话，我都不再言语，因为我知道我说什么都无济于事，不少家长会把责任推卸给孩子，自己却逃避在家庭教育中的职责。

其实，我从不认为振宇是个天才，他顶多算是个有点天赋和灵性的孩子。一个孩子要想有出息，我认为，父母必须对其天性给予足够的呵护。只要做对这件事情，孩子就如同展翅的鸿雁，自己就会朝着远方目标飞翔。

▶ 留学计划的阻力

振宇天生很敏感，当学校晚自习延迟到晚上9点钟，他的痛感就格外强烈。他渴望拥有自由学习的环境，出国留学成为满足他这一需要的最好选择。可是，振宇爷爷的阻挠差一点儿毁了我们的这个计划。

振宇在我先生家是第四代单传。爷爷自然对孙子有深厚感情并寄予厚望。当我和孩子爸爸告诉他想让振宇留学的想法后，老人家以孩子太小为由坚决反对。老爷子平常对我很尊重，一般会支持我的主张，可是这一次的选择也许是太重大了，他宁肯撕破脸皮也不肯听我的意见。

儿子问我："妈，这是我自己的事儿，爷爷不同意就不同意呗。"我说："不行，你爷爷已经是癌症晚期，强行去做他接受不了的事，会出大事的。"于是，我又一遍遍地做说服工作，老人家就是不听，有一次震怒了，说道："如果你们再坚持让孩子走，我就马上跳江！"

▶ 战胜阻力，迎来人生转折点

到了这一地步，我已经失去了公公的信任，唯有请徐叔做说客了。徐叔是某企业负责人、我公公一生的挚友。在有徐叔参加的家庭聚会上，智慧的徐叔首先肯定了老人家对孙子的挚爱，随后话锋一转："孩子到底出不出国，说到底是孩子的事，我们应该听听孩子怎么说。"

平时从不在大人面前多说话的振宇表现得异常从容，说道："爷爷，您问吧，我来回答。"大家把目光都投向我公公，我公公说："你现在太小，过两年成熟些再走会更好。"振宇马上回答："再过两年，也许我的个子会长高，还会长出胡子，可是从早到晚的学习和考试让我没时间思考，更没时间运动，我谈何成熟？”我公公马上补充道：“你起码可以把国内高中课程都学完。”“那也没必要用两年时间啊，”振宇回答，“我现在就可以用3个月时间把高中的数理化课程全部自学完。”我公公哑口无言。

这一番对话成了振宇的人生转折点，他终于成行了。当他背着双肩包头也不回地走进了机场安检，我知道他是寻找他的自由去了，虽然我心里有万般不舍，但是我仍为这一刻欣慰。

不止一个朋友跟我说：“你的心可真够狠的，孩子这么小就放出去。”夜深人静之时，我也常问自己是真的太狠心吗？有谁知道分离才是对孩子最好的呵护呢？

振宇于2011年8月出国，我公公于当年10月离世，在这两个月时间里，我不断汇报儿子在英国上学的点点滴滴，公公没有什么反应，孩子打来越洋电话跟他报平安，他也没什么反应。我知道他囿于自身观念，内心还存有深深的忧虑。但我相信，天上的他如果知道了孙子现在的成功，一定会高兴的，也会原谅我当年的执着。

给家长的建议

1.只有坚定不移、克服各种困难和障碍来保护和尊重孩子的天性，才能真正让孩子找到自我，发现自我，开启幸福快乐的生命旅程。

2.家长看得远，孩子才会走得远。

3.让孩子飞翔，家长必须先解开束缚自己心灵的绳索。

“不不不”和“好好好”

——以迂回战术应对孩子的叛逆和执着

我在做讲座时，遇到过各种各样的家长，下面这三位家长很有典型性。

第一位家长说：我家孩子2岁半，可不听话了，你越不让他做什么，他就越要做什么，而且性子很急，动不动就发脾气。

第二位家长说：我家孩子7岁，上小学一年级，走路不让我们拉手，不让我们叫他的小名，做什么事情都喜欢和我们对着干，你说往东他偏往西。

第三位家长说：我家孩子13岁，上初一了，他不再像过去那样和我们关系亲近了，每天对我们爱答不理的，你批评他两句，他就跟你急，有时还大吵起来，家里气氛很紧张。

这三位家长描述的情景您是否觉得很熟悉？是的，他们的孩子虽然年龄不同，但都非常叛逆。

每个孩子都会经历叛逆期。虽然大人们不喜欢孩子的叛逆，但对于孩子来说，这是个大好事，说明他们的心智发育成熟了，成熟到他们有足够的能量去打破原有的边界与平衡，去探索未知世界，建立全新的自我意识了。

▶ 接纳叛逆期的孩子

振宇在叛逆期的表现也是很夸张的，让我有些头疼。我曾写过一首童谣，描写的就是他那时的状态。

我是不不娃，

摇呀摇脑瓜，

不不是我的大玩具，

我每天和它做游戏——

宝宝快吃饭

不!

宝宝快起床

不!

不不不不，不不不

我是不不娃!

学过教育心理学的人都知道，叛逆期是孩子的心理从懵懂状态向正常认识状态转变的一个过渡期。这时候的孩子独立意识与自我意识增强，他向外界发出了独立宣言："我要摆脱家长的监护，不要把我当成小孩子，我现在什么都懂了！"为了表现非凡与成熟，他对家长让他做的事情总是倾向于批判的态度。所以，在振宇说“不”的时候，我都是笑脸相对，以愉悦的心情看他“表演”。

家长要正确对待叛逆期

“不不期”是孩子叛逆的第一个时期。当孩子说“不”的时候，他是在认识这个世界，探索未知的世界。

第二个叛逆期，又叫“小大人期”。7～9岁的孩子学会了更多的知识和生活经验，他会觉得自己已经长大了，极力想摆脱父母的掌控，于是，变得处处喜欢和大人唱反调。

第三个叛逆期就是我们常说的“青春期”，在心理学中被称为生命觉醒期。这个时期的孩子，体内荷尔蒙在快速地分泌，而且分泌得并不稳定，导致情绪易波动。他们有强烈的自我意识，不再轻易盲从，向往独立自主的自由空间。

在孩子成长的三个叛逆期里，家长要在教育认知、方法、心态和角色定位等方面做出及时调整，灵活应对孩子成长带来的变化与挑战，跟上孩子的步伐，成为孩子生命成长的守护者与引路人。

给家长的建议

我以“小大人期”和青春期的孩子为例，谈谈家长如何巧妙接招。

1.**对“小大人期”的孩子，家长的角色定位是平等协商的指导者，对孩子的策略是平等、尊重、倾听与鼓励。**亮亮平时在家里被妈妈管得很严，到了学校就撒欢儿了，一会儿把女生的小辫儿系在椅背上，一会儿把小朋友推倒了。经过咨询后，亮亮妈妈改变了策略，不再对亮亮“专制管控”，遇事都与他商量，比如每天看多长时间动画片，假期上哪玩等。得到爸爸妈妈的尊重和信任，亮亮渐渐学会了关心别人，做事也更有责任感了。

2.**对青春期孩子的策略应是宽容和理解，尽量减少与孩子情绪上的对抗，尽量少用批评或否定的句式与孩子交流，多采用正向积极的语言。**比如“嗯，这件事做得不错！”“你最近状态很好，继续保持哦！”青春期的孩子最反感家长的唠叨与管控，家长切记说话要简洁，不重复，尽量放手让孩子自己做决定。

第　四　章

敢于放飞孩子，让孩子真正成长

给孩子的压力松绑

——以“己所不欲，勿施于人”的同理心对待孩子

很多家长把自己没有实现的理想和愿望寄托在孩子身上，希望孩子代自己实现，或者选择性地忘记自己在上学时经历过的苦痛，逼孩子学习，逼孩子做他不喜欢做的事情，直逼到孩子自暴自弃，有的离家出走，甚至选择轻生。

我们身边这样的悲剧还少吗？不要以为，悲剧是别人家发生的，离自己很远。其实，孩子做傻事往往是一念之差，而做这件傻事是因为之前种种不快的积累。所以，家长不能抱有侥幸心理，从有苗头开始就要防患于未然，不给孩子提供不良情绪积累的可能。

▶ 了解孩子背负的压力

我至今记得，我上高中的外甥女问振宇：“你知道我们现在有多惨吗？”振宇回答：“怎么不知道，在英国，我和中国同学聊得最多的话题就是比谁在中学时更惨。”“那结果

呢？”外甥女好奇地问。“没有最惨，只有更惨，”振宇说，“我一个同学初中时要晚上11点才能放学。”“天哪！”外甥女惊呼，然后笑言，“我还有更惨的。”“还是别说，”振宇打住她的话题，“我怎么觉得你好像在炫耀呢？”

当时我被振宇的话逗乐了。是啊，连这么苦的学习都到了可以“炫耀”的程度，我不知道是外甥女心态好，还是已经被“异化”到没了正常知觉。

我跟振宇聊起他初中感受到的种种痛苦情形时问：“别的同学不像你这样难受吧？”振宇回答：“其实好多同学都学得不开心，只是他们的家长没有像你们那样寻求改变。”

听了此话，我很欣慰，原来儿子对我们为他做的一切是心里有数的，是有感恩之心的。

▶ 不让孩子重蹈覆辙

振宇爸爸跟我讲过他的过往经历，他上高中后进入学习高压状态，晚自习时，60多人的教室静悄悄的，似乎连掉根针都能听到声音。他当时很受不了这种无声的煎熬，于是偶尔会在做出一道数学难题后猛拍一下大腿，惊得同学们都向他行注目礼。他后来分析自己当时的心态，说那样做纯粹是一种发泄，是他在重压状态下能够想到的唯一的释放方式。

那个时候，他妈妈的癌症已扩散转移，可是没有人告诉他。

他每天晚上8点钟上完晚自习后回到家，用十几分钟时间陪妈妈下下跳棋或唠唠嗑，然后回到自己屋里继续复习、练习、预习……

他说，他的高中阶段是妈妈生命的最后三年，可是他每天只拿出十几分钟时间陪妈妈，这对妈妈是一件多么残忍的事！他说他答应过妈妈，等高考后会好好地陪她，可是高考结束，妈妈永远地离开了他……

他痛心地跟我说："当我至爱的妈妈变成我手中的一捧骨灰时，我知道，我一生都无法原谅自己了。"学习的惨烈对别人而言也许只是时间的付出和身体的消耗，对我先生而言则是一生一世都无法挽回的负疚。

有了儿子之后，我先生有一个强烈的念头，那就是不能让儿子再承受他曾尝过的痛苦，再走他走过的老路，尽管在那条学习路上他还是别人眼里的成功者。

振宇在上了初中毕业班后，感受到强烈的痛苦，几乎一个学期没和我们说话。我先生果断跟我说："我不能容忍儿子延续我曾经的痛苦！"于是，我们为儿子选择了留学这条路。

我先生跟我说，他当年读初中和高中时没日没夜地学习，过得很压抑，可是没有人关注他的感受，还都夸他勤奋，他没有能力改变现状，只能跟千军万马一起挤独木桥。他说他至今还有一些别人不知道的心理问题，那都是在当年压抑状态下留下的病根。

给家长的建议

家长在面对孩子的问题时，如果难以做决策，不妨运用一下同理心，这样就很容易做决定了。运用同理心是解决问题的基本出发点，我觉得可以从以下三个方面进行思考。

1.你上学时喜欢做的事，你的孩子很大概率也喜欢。

2.你上学时逃避的事，你的孩子很有可能更想逃避。

3.你上学时做过的叛逆事，你的孩子也许正在做或想要做。

其实，在人生道路选择多元化的今天，总有一条路是适合孩子的，所以不妨多理解孩子的想法，千万不要将自己的错误和疼痛复制在孩子身上。

甘做孩子的“后勤部长”
——让孩子做主角，家长只需做助手

父母怎样的爱才是最有益于孩子的成长呢？我认为，父母最好的爱就如同空气、水和阳光，孩子平常感觉不到，但他又离不开。

基于这种认识，我给自己的核心定位是“后勤部长”，让儿子做自己人生的主角，我愿意站在他身后默默付出，在他需要的时候及时现身，在他不需要的时候马上隐身，哪怕再想念也克制自己不去打扰他。

振宇从小到大，如同鲤鱼跳龙门，跳过一道道束缚、局限、关卡，承受了孤独、寂寞、酸楚，也因此迎来了更为广阔、明亮的世界。但每一次跳跃，都让我备受煎熬和折磨，单是他的出国护照和签证就让我心惊肉跳了三次，而他根本不知道我这个当妈的经历了什么。

“后勤部长”的心路历程

2011年3月，振宇赴英国留学第一次办签证就被拒签，可谓出师不利。

记得当时距离到校的时间不到3个月，我心急如焚，找到帮振宇办理留学事宜的中介张老师。她咨询了录取振宇的英国中学校长，帮我分析了签证被拒的理由，可能是因为振宇当时只有15岁，录取他的英国中学并不需要雅思成绩，但是签证官按照大学生的审核标准，因为他没有雅思成绩而拒签了。

张老师帮我们写了说明信，又附上了振宇后来拿到的6分的雅思成绩，进行了第二次申请。申请发出后，我的心始终揪着，生怕再次被拒影响孩子的出国大计。

那些天，心里的滋味简直就像在火上煎熬，但我还不能把这个情况告诉振宇，怕影响他的情绪。直到振宇要乘飞机的前几天，我们才终于收到了签证！我一颗悬着的心才彻底放下了！

在振宇留学的头一年里，我24小时紧绷着神经，连睡觉都要把手机放在耳边，就怕他在国外遇到什么困难却打不通我的电话。

那一年，不到40岁的我长了很多白头发。送孩子出国留学，就像放了一只非常高的风筝，风筝高高地在天上飞翔，地上的人儿却要紧张地拉着那根牵挂的线。

留学第二年，振宇要去塞浦路斯参加欧洲数学竞赛，这本是好事，可是签证再次成为横在我面前的一个坎儿。因为振宇的护照是中国护照，所以必须在国内办理塞浦路斯的签证。

当天下午，我就赶到塞浦路斯大使馆，工作人员告诉我，办签证前需要先到外交部办理公证，待我好不容易把公证办妥，使馆人员告诉我签证正常办好的时间会晚于孩子比赛日期。我急得眼冒金星，一个劲儿地跟工作人员讲比赛的重要意义，最终打动了对方，同意给加急办理。

在飞机起飞的前一天，我拿到了签证，那一刻我的腿都软了。有谁知道一个母亲在等待中的焦虑、紧张和无助？那些天里支撑我的信念只有一个——不能让孩子好不容易争取来的参加国际大赛的机会在我手里化为乌有。

可是，类似的噩梦还没有结束。

有一次，振宇在大学宿舍做饭，放在桌上的护照不小心被洒上了酱油。结果办理签证时，他被告知因护照上有油渍需重新办理新护照。

振宇把沾了油渍的护照给寄了回来，我又加急办理了新护照，寄给了他。他再次去英国签证中心补办签证，结果，按照英国工作流程需要等待3个月以上的时间，本来订好暑期回国的机票，因没有签证只好取消。我按捺不住焦急的心情，每隔一周询问他一遍办签证的进展情况。4个多月后签证终于办妥，我那颗悬着的心才如释重负般放了下来！

给家长的建议

我跟家长们分享一下我多年从事“后勤部长”的三个经验。

1.**要与跟孩子学业相关的人保持密切联系**。在振宇留学期间，我与留学中介老师、振宇所在英国学校的校长、舍监及监护人等都保持着密切联系，一旦有事我能第一时间找对人。

2.**对孩子的合理需求尽最大努力满足**。比如，振宇大学时想利用暑期到银行、会计师事务所实习，于是我们利用人脉为他安排了汇丰银行成都分行、位于北京的德勤和毕马威两家会计师事务所，让他体会在跨国机构工作的感受。

3.**为孩子承担耗费时间和精力的事务性工作**。其实像前面讲的关于护照和签证的故事，我经历过很多。我虽人在国内，但是感觉比在孩子身边的压力还大。为孩子解决后顾之忧，可以保证他把精力集中在最重要的学业上。

鼓励孩子的观点表达

——理解与欣赏才会让孩子放飞自我与梦想

父母的爱是伟大的，但不是有了爱就能解决所有问题，很多时候，给予孩子的爱如果过多过滥，可能会遭到孩子的反感，甚至会成为孩子精神上的枷锁，这种时候爱不是孩子的需要，而是家长的需要。我觉得，孩子最需要的爱就是家长给予适时的理解、欣赏和鼓励，尤其是在孩子遇到挫折或是挑战世俗观念的时候，父母不离不弃的支持比什么都重要。

▶ 欣赏孩子的闪光点

振宇在小学、初中时成绩不怎么好，尤其是初中时，他在班上基本上处于中下游水平，常挨老师批评。好胜心很强的振宇不止一次跟我保证下一次一定考进全班前十名，让我们脸上有光，可是每一次考试回来结果都很令人失望。每一次开家长会都是我最难熬的时刻，看到卷子上的一个又一个红叉，再看到老师不满和责备的目光，我心如刀绞。可是，回到家里，看着振宇像犯了错似的躲避的眼神，我都要忍痛微笑着鼓励他说：“没事儿，妈妈相信你的潜力和实力！”

振宇最差的学科是语文，尤其是作文，他从来不能像其他同学那样写得文采飞扬。我给他专门报了作文班，每次他爸送他去上课，他都显得无精打采，而且一段时间下来作文水平并不见提高，还经常是满篇的错别字和病句，令中文系毕业的我和他爸经常是一起摇头叹气。不过，他的作文有一点特别突出，就是总有新奇而独特的观点，让我们眼前一亮。于是我对他说：“文以载道，作文技巧不是重要的，重要的是通过文字传达你个性鲜明的思想，这是你的优势，保持住！”

儿子受到我的鼓励似乎很高兴，从此写作文时就更不考虑那些套路和好词好句，而是注重观点是否新颖，以及能否找到证明观点的依据。这样的做法对他后来帮助很大。我至今珍藏着振宇一篇题为《人为什么而活》的作文，这是他十二三岁时写的，很稚嫩，观点也非主流，但是当时我给了他很大的肯定和鼓励。

他在文中提出的观点是：“生命如此宝贵，生活如此美好，我们岂能随意辜负？如果这个世界上每个人都珍爱自己的生命，那么一定会比每个人都一味地舍己为人好得多。”

作文联系实际做了好多议论，结尾是这样的：“如果说人生是一杯水，那么大部分人选择了先苦后甜的喝法，即年轻时奋斗，功成名就后享受生活。然而，有一些智者将奋斗的过程也变得快乐，一辈子喝的都是甜水。所以，人最明智的选择是享受生命，人应为享受生命而活着！”

▶ 勇敢表达观点

我从未针对人生意义这样的大话题教过振宇什么，或是与他探讨过什么，只是告诉他作文可以不考虑行文技巧，但要写自己真实的想法和观点，这是文章的灵魂。没想到他竟把我的教导发挥到极致！

这篇作文体现的是他当时的所思所想，观点对错倒不是重要的，重要的是他在思考哲学的大命题。我对他说：“儿子，这是你作文中最好的一篇，作文观点且留待时间去检验，但是你能用文字清楚表达属于自己的思想，非常了不起！”儿子听我夸奖后美得不得了，哼着歌就跑出去玩了。

留学英国后，振宇选择的学科是理科，我和他爸都猜想这孩子语文恐怕要停留在初中水平了，直到后来看到他在网上写的日志、随笔，以及长篇文字直播，我们都不禁折服于他文字的鲜活、生动和俏皮。他创业后我们提出帮他做一些文字工作，却被他果断拒绝了，他说我们的文字过于古板，没人爱看。我们虽然很“受伤”，但是很欣慰，并庆幸当年我们没有按照传统观点去否定他的作文。

给家长的建议

对孩子给予理解、欣赏和鼓励，说起来容易，做起来难，我给家长们的建议如下。

1.多给“胡萝卜”，少给“大棒”。孩子都有好胜心和自尊心，当他淘气出格或成绩不好时，他心里一般都是有数的，如果家长劈头盖脸批评他，对孩子自信心会造成很大杀伤力，而给予正向激励和希望，反而能激发出改变自我的决心。

2.从孩子特立独行的举动中发掘闪光点。每个孩子都是独立的个体，当他的行为、举动跟其他孩子不一样或不符合成人世俗观念时，不要轻易否定和排斥，而是尽可能从中找到孩子的优点，并给予褒扬，让孩子感到他并不是独行者，父母是他的坚强后盾。

3.坦然面对孩子摔跟头。很多家长习惯于告诫孩子不能这样，不能那样，目的是让孩子少摔跟头，但结果可能因为孩子缺少摔打反而“缺钙”，未来可能摔大跟头。所以，家长不妨让孩子在挫折和挑战中成长，他在历练中得到的启示比父母告诉的注意事项更管用。

切忌包办孩子的人生

——学会掌舵和决策，让孩子走在正确道路上

在振宇的数学课外班上，我发现一个“规律”，每次作业分数排名，振宇都靠后，可一到考试他就排在前几名。

这是为什么呢？经过一段时间观察分析，我豁然开朗：原来很多同学的作业都是在家长指导和帮助下完成的。虽然分数很高，可是事实上他们没有真懂真会，一考试真实水平就暴露出来了。而振宇的情况恰恰相反，他每一次都是独立完成的，被老师批错的题他都用心研究弄懂了，所以做作业对他来说真正发挥了作用，促进了他的能力提高。

此外，我还注意到一个现象：每次上课，教室前一半座位坐的是学生，后一半座位则坐满了家长，他们跟孩子一起学，一起记笔记，偶尔孩子“溜号”，他们还要小声提醒。

这是我最不愿意看到的画面，我很想问这些家长，为什么要这样做呢？自己辛苦不说，效果肯定也不好，因为学习归根结底是孩子自己的事，不是你的事。你做过了头，处处包办，

就等于剥夺了孩子学习的主动性和自主权。久而久之，孩子会认为是家长逼我学的，不是我自己要学的。这种以牺牲孩子热情与兴趣的包办代替的做法实在不可取。

有的家长可能会问："如果我不在一旁'监督'，孩子是真不学呀！那该怎么办呢？"我认为，这种情况可以采取以下两种方式来应对。

1.让孩子为自己的行为负责。他可以不完成任务，但必须独自承担由此带来的后果。当他因为没按时起床而上学迟到时，老师会对他进行批评教育，当他品尝到挨批评的滋味后，自然知道怎样做是对的。让孩子接受适当的批评教育是好事，做家长的一定要沉得住气。

2.父母应该克制对孩子的爱。家长平时不必过多打扰孩子，而在孩子人生中的关键时刻，要扮演好掌舵人的角色。因为孩子终究是孩子，心智还不健全，眼界不够开阔，阅历也不够丰富，对于自己的人生和未来方向不可能站在很高的位置去做判断，父母应该帮孩子把握人生方向，引导或说服孩子，千万不能由着孩子的性子来。这个时候，父母的眼界和决策水平将起到关键作用。

简单来说，父母对孩子成长中遇到的事应采取"抓大放小"原则，重在"抓大"，即在决定孩子人生方向和命运的大事上要多思量，不能含糊。

为孩子做好人生铺垫

在振宇的成长过程中，我们重点为他做了三件事，从而成就了现在的他。除此之外，几乎所有事情我们都由着他自己凭兴趣来做，只要不违法违纪，不伤害他人，他想做什么就做什么，我们并不加阻拦。

第一件事情：振宇之所以这么喜欢数学，且因数学竞赛成绩优异而被剑桥数学系录取，这与我和他爸坚持让他学数学有绝对关系。当初他第一次上数学课外班因听不懂而不想再上时，我没有像对待其他事那样听从他的意见，而是坚定地认为这只是老师教课方式不适合他，而不是奥数本身有问题，于是马上给他换了班。

现在回头看当时的决策是正确的，可以说，是我们在关键时刻推了振宇一把，让他没有偏离学习数学的轨道。如今数学成为他一生所爱，又成为他创业的优势资源，可是，假如当时我们纵容他放弃数学，他也许会失去现在所拥有的一切。

第二件事情：振宇爸爸让振宇对体育产生了热爱之情，这使得他的生活更有情趣，身体更健康。

振宇爸爸是个体育迷，振宇上小学后，他就带着这个小不点儿到住宅小区里的体育活动室打台球，当时的振宇还没有台球杆高。

打台球是一种需要智商与竞技能力的运动，这让生来就好动又好思考的振宇找到了属于自己的舞台，很快振宇就融入与大人们平等较量的台球大军。后来，爸爸又领他到露天篮球场练投篮，进而又带他参与了成年人的投篮比赛。冬天篮球场上会积很厚的雪，爸爸又带他参加雪地足球赛。

可以说是振宇爸爸给振宇创造了喜欢上一个又一个运动的机会。体育运动不仅锻炼了振宇的体魄，更重要的是让他拥有健康的身心，而且在感受运动乐趣与活力的同时还结交了很多朋友。

第三件事情：从小到大，我们对振宇一直在不断地放手，为的就是让他能尽快独自飞翔。我们躲在一旁，心情忐忑地注视他，从他蹒跚学步，到独自骑车上学，从辍学在家自学，再到孤身一人去异国他乡留学，每个成长的足迹背后，有等待，有煎熬，有担心，更有欣慰和自豪。

对于我们来说，主动帮孩子做事是容易的，难的是明明可以去做，却要控制自己不动手，这不仅是一种克制，更是一份信任，我们相信孩子可以独立做到，我们需要做的就是耐心等待。

第　五　章

尊重孩子的选择，没有尊重就没有教育

敢不敢支持孩子辍学

——抛开成见和“远见”，接受孩子的决定

每个家长都希望培养出阳光、自信、聪明、快乐的孩子，然而生活中却常常出现这样的场景——一边是苦口婆心、耳提面命的家长，一边是磨磨蹭蹭、愁眉苦脸的孩子。很多家长抱怨，为什么我为你付出那么多，你一点儿都不领情呢？原因只有一个：家长没有尊重孩子的意愿与选择。

在现实生活中，一些家长不去倾听孩子的心声，当孩子与他们的意愿相违背的时候，他们总是固执己见，对孩子常说的一句话是：“我这是为你好！”

不尊重孩子的意志与感受，强行为孩子做决定，即便家长的选择是对的，是有长远眼光的，即便孩子听从了家长的意见，获得了人们眼中所谓的成功，可对于孩子来说，那也是以牺牲他的个人意志为代价的，他一定会在人生的某个阶段想尽一切办法弥补上这缺失的一课。

家长要放下成见

网上有个视频让我很受触动：一个小学五年级的女生在台上诉说，她酷爱小说创作，课余时间写了几十万字的小说手稿，可是父亲以她沉迷写小说导致学习成绩差为由，把凝聚了她心血和梦想的手稿撕毁了。台下的父亲看上去好像很动容，但回应的话却是："你什么时候成绩上来了，再允许你写小说。"一个12岁的孩子能写出几十万字小说，姑且不论写得如何，单是这份创作激情就十分罕见，这是上天的馈赠啊！可是这位父亲亲手毁了上天这份"大礼"。

这样的例子在我们周围并不少见。一些家长以影响学习为由无视孩子心心念念的兴趣或爱好，甚至不惜亲手毁掉孩子倾注心血完成的成果，让孩子伤透了心。

父母为何热衷于代替孩子做选择？他们出于怎样的考虑呢？分析起来主要有三点。

一是功利心态。家长无视教育规律，急于取得成果，不允许孩子成绩差和犯错误，只要对中考、高考有利的就支持，否则就反对。

二是从众心态。家长盲目攀比，常常是看到别人家孩子上什么课，也就让自己家孩子上什么课，而不管是否适合自己家孩子。

三是补偿心态。当年自己没完成的梦想，希望孩子能够实现。

孩子做违背自己意愿的事情，会在心理上承受巨大的压力与痛苦，身体上也很难放松，这种身心不统一的状态，会极大消耗孩子的生命能量，影响孩子的自我认知。那么，家长怎样做才能让孩子获得心灵的滋养与成长呢？答案是两个字：尊重。孩子喜欢什么或不喜欢什么，家长都要尊重。

尊重孩子的选择

振宇小时候总爱用含蓄而坚定的方式表达他的态度，做出他的选择。有一次，我带他去商场，他看中了一个电动翻斗车，蹲在那里目不转睛，看得入迷，怎么拉他他也不肯走。我问他："是不是喜欢这个玩具？"他点点头。于是，我就把它买下来。后来的事实证明，他选的玩具陪伴他走过很长的岁月，甚至有些玩具至今还被他摆在房间里。

当然，孩子的选择并不总是正确的，遇到这种情况时怎么办？振宇5岁时，隔壁有个小姐姐钢琴弹得特别好，他就总爱蹲在人家门口认真地听。我一直希望他能学一门乐器，就问他："想学钢琴吗?"他点点头。于是，我兴冲冲买了一架德国产的钢琴，并请老师来教。可是，振宇上起钢琴课来，就是另外一副样子了，坐在琴凳上的他冲着老师不停地打呵欠。老师让他下地活动一下，他立刻就像换了个人似的生龙活虎起来。

通过观察，我发现振宇并不喜欢也不适合弹钢琴，于是我忍痛割爱，果断终止了他的钢琴课。虽然这架名贵钢琴十几年来一直闲置在家里，但令我欣慰的是，及时停掉钢琴课这件事有效保护了孩子乐观自信的情绪状态，避免了孩子不必要的心理挫败。我很庆幸当初做出了果断决定，童年的振宇也因此脸上总是洋溢着阳光灿烂的笑容。

▶ 每一次支持都不是那么容易

尊重孩子的选择，有时还要面临巨大的考验。

振宇小学五年级（他所在小学是五年制）下学期，学校进入小升初的总复习，老师每天都带着同学们复习过去的知识，没有新课可讲。于是振宇鼓足勇气跟我提出想辍学在家自学。一开始我有头大的感觉，但经分析后与儿子产生共鸣，与其天天到教室消磨时间，不如让他在家锻炼一下自学能力。

当然，辍学在家是有风险的，在我和他爸上班无法监督的情况下，他会不会干与学习无关的事情？最后，我还是选择相信他。事实证明，我的决策是对的，辍学的这一学期中，振宇的自学能力锻炼出来了，他的数学水平提升得特别快。后来他不仅顺利通过了初中择校时的数学测试，还取得第22名的好成绩，而当时的考生有上千人。

这次辍学经历让振宇收获了自信，在初中毕业那年我们做出让他留学的决定后，他立即又提出辍学的要求，这一次我们权衡利弊后也满足了他。这个阶段振宇的自学能力已相当强了，他裸考的中考成绩竟然超过了一所省重点高中的录取线，这个成绩也成为他在国内学习生涯的最后纪念。

给家长的建议

当孩子已做选择或犹豫不决的时候，家长到底怎样做才算尊重？我有三点经验跟大家分享一下。

1.不要立刻否定或质疑，而要先问为什么。在你看不懂孩子的决定时，要多问问为什么，开放式的交流可以打开孩子的心扉，听到孩子真实的心声，有利于最大程度地搜集客观信息。

2.当孩子做出的选择遭遇失败时，家长要宽容接纳孩子。家长应转变对失败的认知，有时候，失败本身就是成功，它意味着一个人在做突破和超越自己的尝试。家长如果能够认识到这层价值，一定会给孩子更多的理解与宽容。

3.当孩子不知道如何选择时，家长可以帮他分析，提供多个选项。尤其是要帮孩子分析每一种选择的利与弊，让孩子知道可能带来的结果是什么，但选择权要交给孩子，并告诉他自己做的选择自己要负责并且承担后果，以避免孩子过于随意做出选择。

支持孩子免修优势学科

——鼓励孩子“为所欲为”，拥有独立人格和自由意志

相信自己，一切靠自己的努力来实现，这是犹太家庭给孩子传递的重要家教理念。这给我们一个启示，作为家长，一定要尊重和保护孩子的真实意愿，从而让孩子建立起强大的自信心，敢于探索和尝试新事物。

▶ 鼓励孩子自己做决定

在幼儿园到小学阶段，振宇自己选择了乒乓球、画画、国际象棋等兴趣班。这些兴趣班都是他经过一段时间观察和思考之后做出的选择，是他真心喜欢的，所以他学起来孜孜不倦，乐在其中。虽然每一个兴趣班他都要比别人晚学一个学期或一年，初始成绩都是垫底，可是因为动力十足，他总能一路追赶，最后名列前茅，甚至在市里、省里和全国比赛中拿到名次。

我们每一次对他的支持和肯定，都让他更加自信和坚定，他一遇到事都会自己先想办法和拿主意。留学后，他跟我说：

“学校的数学课太简单，我实在听不进去。很多同学的数学水平一般，我那个俄罗斯室友自称数学水平在他们国家同年级里是顶级，可是有一次在演算纸上竟写着$140\times2=100\times2+40\times2=200+80=280$，这真让我大跌眼镜。我不能再‘耽误’自己了，想跟你们商量，然后去跟老师提出数学课免修，只在期末参加考试。”没想到，振宇的“出格”申请竟获得老师的批准。振宇在电话里跟我们描绘了这样一个场景：同学们都问老师为何允许Frank（振宇的英文名）不来上课，老师耸耸肩顽皮地说：“谁让他数学那么出色呢！”

振宇免修了三年数学课，可是他凭借自学竟7次获得英国数学竞赛第一，以及欧洲、世界级竞赛的奖牌，他因此成为他所在高中有史以来获得荣誉最高的学生。

▶ 没有尊重就没有教育

作为家长，只有用心倾听孩子的心声，读懂孩子的内心，尽一切可能尊重和支持孩子的选择，才能培养出具有独立人格与自由意志的孩子，才会帮助孩子创造出属于自己的精彩人生。

我认识一个比我做得有过之而无不及的女友。她在儿子8岁时，就带他去南极参加科学考察；在儿子10岁时，她就把他送到瑞士参加国际夏令营；儿子小学四年级时，她又送他参加联合国儿童社会实践项目。

这些经历让孩子从小具备了全球的视野与见识，孩子在小学毕业时决定到英国上初中，他妈妈也尊重了他的选择。

在英国读中学期间，这孩子对航天拍摄产生了浓厚兴趣，在妈妈同意下休学专门做这件事情，他拍摄的纪录片被美国国家地理频道采用播出，还受邀在美国专业平台上做专题演讲。

如今，他和几个伙伴创办了航天文创公司，致力于航天科普与文创事业，一度登上中国时尚杂志，成为“00后”创业典范。当被记者问到何时返校继续学业时，他坚定地说：“我未来一定要上剑桥，但不是此刻。”

对于现在的成绩，孩子的妈妈深感欣慰，她对我说：“给孩子最好的礼物就是送给他一个星辰大海的梦想，我很高兴自己做到了！”

给家长的建议

当孩子为了心中的梦想“为所欲为”时，家长如何应对呢？我认为应做到以下三点。

1.衡量孩子这样做的代价是否在你的接受范畴之内。如果能接受，就让孩子放手一搏，好处有三：一是可让孩子验证自己的想法与判断是否正确，增强他的自我认知；二是可让他验证自己的水平与实力，看到差距；三是可通过力挺他的冒险行动，增进与孩子的感情。

2.**无条件支持孩子的主动探索与创新思维**。为孩子提供实现梦想的机会，帮助清除其前进道路上的障碍，让梦想点燃孩子的生命之火。

3.**不断修正自己的观念以适应孩子的奇思妙想**。家长应通过不断学习开阔自己的眼界，接受不断涌现的新事物和新变化，保持跟孩子同频共振。

留学失利？不怕！
——与孩子风雨同舟，共担选择的风险

很多时候尊重孩子的选择并不是那么简单。因为选择的结果常常具有不确定性，甚至有风险，这就需要家长心态平和，放下功利心，在孩子最需要支持和鼓励的时候，我们要毫不犹豫奉上。

▶ “我的学习我做主”

振宇留学后，生活、学习中的一切选择，包括选哪几门课、去哪个社团、参加什么社会活动，都由他自己来决定。慢慢地，他积累了丰富的决策经验，在很多关键节点做出的选择都很明智，切合实际。

他刚到英国的头一年就读于谢伯恩中学（Sherborne School），相当于高中预科，学的是普通中等教育证书（GCSE）课程。毕业后，他报考英国高中，先是收到了阿宾顿中学（Abingdon School）录取通知，该校是一所有着严谨学

术风气的贵族男校，管理严格，英国很多家庭以孩子考入这所名校为荣，我们在第一时间交了学费。

不久后，我们又收到德威学院（Dulwich College）录取通知，这所学校教学与管理比较宽松，承诺给一定的荣誉奖学金。

振宇渴望不受约束、自由自在地学习，执意要我们退了阿宾顿中学的学费，换到德威就读。虽然退费手续繁杂，但我们还是遂了他的心愿。

现在回头来看，他当时的选择是对的，在德威的宽松环境中，振宇随心所欲地自学数学，学得特别深入。振宇常对我们说，在德威的两年，是他人生中最美好的时光之一。

▶ 支持孩子，共同承担风险

尊重孩子的选择，会有意想不到的惊喜，同时，家长也要准备好与孩子一起承担选择的风险和挑战。

振宇第一次参加英国奥数国家队选拔赛，头两轮顺风顺水，他及时向我们报告了好消息，并兴奋地告诉我们如果最终考进前6名，他就能代表英国参加国际数学奥林匹克竞赛，那样上任何名牌大学都不在话下了。

可是，第三轮考试过去很长时间了也没有下文，在我的追问之下，他才难过地告知没有过关。我知道，这次失败对拥有数学梦想的振宇造成很大打击。我想安慰他，但他没等我开口就制止我说："千万别劝，我知道怎么做。"

振宇在相当长时间里不再跟我们谈数学，我知道他在自我疗伤，尽管这会很痛，也会很难，但这是他必须经历的。学习数学给他带来快乐和自信，让他有了人生的方向，但是也带给他自负与傲气。我早就看到了，但是我没有制止，也制止不了，只有他碰壁受伤感到疼时，才能真正去除这些坏毛病。

慢慢地，振宇变得低调，不再夸夸其谈。假期回国，我从他的行李箱里翻出几枚奖牌，经过询问，他才说："比赛得来的。"我问："为啥不早点告知我们好消息？"他回道："这有啥值得说的?！"

被剑桥大学录取是振宇留学期间获得的最大荣誉，但这份荣誉背后，也有一波三折。

2014年1月4日下午，我正在卧室看书，振宇呜咽着走进来说："刚刚收到邮件，剑桥三一学院把我拒了，我被扔到了冬季池（Winter Pool，又称等待池，意为申请剑桥第一志愿学院未被录取的考生在这里等待其他学院的第二次预录取。每年大约有20%的考生被纳入冬季池，冬季池的考生录取概率约为25%），只能等其他学院捡漏了。"

这出乎我的意料，因为以他的条件进三一学院本来应该很有把握。我刚想说点儿安慰的话，他立即制止："不用安慰我。"但我还是说："不管什么结果，妈妈都支持你。"他躺在床上，眼里涌动着泪水，难过地说："太憋屈了！"听了这话我的心都碎了。

我知道，考入三一学院是他一直以来的梦想，他为此付出了很多努力，被拒的打击肯定是巨大的。我真担心如果收不到其他学院的录取通知，振宇将经受怎样的噩梦。

可是过了没几天，振宇突然喜笑颜开地对我说："收到一个学院的offer（录取通知）了，我的剑桥梦实现了，耶！"他说："我研究过了，其实剑桥各个学院的差别只是住宿地不同，所有学院的数学系学生都是在一起上课的，所以上哪个学院没有之前想象的那么重要。"至此，我彻底释然了，可是在等待录取通知的那些天里，我这个当妈的着实跟着很焦虑。

给家长的建议

尊重孩子的选择，不是一句空话，需要家长陪孩子一个个地攻下难关，做孩子的坚强后盾，与孩子风雨同舟。家长们普遍担心孩子因选择失利而走弯路，对此，我有两点经验与大家分享。

1.分析失利原因，拿出对策。关键时刻，父母是孩子的主心骨。在孩子失利时，父母千万不要心慌，也不要一味指责孩子，应马上了解状况，寻找补救办法。振宇首轮未被剑桥大学录取，我第一时间与留学中介张老师联系，她提示我立即与中学学校沟通，请学校与剑桥招生官协调。振宇给他的舍监老师打了电话，舍监老师马上为此奔忙，最终迎来令人惊喜的结果。

2.于失利中看到有利，坦然接受失利。上帝关了一扇门，必将为你打开一扇窗。当失利结果无法逆转时，家长应善于从中发现积极的成分，以及背后可能隐藏的机会，帮助孩子度过情绪低落期。振宇曾是个好高骛远、狂妄自大的孩子，是一次又一次的失利帮助他扭转心态，他也在成长中慢慢变得低调、冷静起来。

奥数适合什么样的孩子

——排除杂音，坚定不移地支持孩子

尊重孩子的选择，很多时候还要面对各种杂音，尤其是要面对世俗观念的压力。是随波逐流还是坚持己见？这是对父母的巨大考验。

拿奥数来说，十几年前一些专家对其进行过连篇累牍的批评，声势很大，要不要学奥数成为很多家长面临的问题。在纷纷扰扰的舆论氛围中，我和先生始终坚持自己对奥数的理解和认识，坚决支持儿子自由自在地学习奥数。这看似有很大风险，但是我们始终相信自己的判断——不支持孩子，才会有最大的风险。

▶ 家长要正确看待奥数

关于对奥数的认知，我想讲一下我们家与老朋友李老师之间的故事。

李老师是我们当地一所文化学校的负责人，该校以奥数教学成绩显著而闻名，报名火爆，常常是“一号”难求。

我与他相识要追溯到20年前，那时他还是某重点中学数学教师，因为培养了一个以满分荣获国际奥数竞赛金牌的学生而声名鹊起。我先生在采访他时与他一见如故。

李老师在数学教学上确实厉害，尤其是在奥数培训方面。经过他悉心栽培，他的另一名学生也以满分荣获国际奥数竞赛金牌。后来，我和先生劝他发挥自身所长专门从事奥数教学，多培养几个国际奥数冠军。他经过认真思考之后接受了我们的建议。

李老师的奥数班开设后报名者络绎不绝。但他总是通过测试优中选优，这样使得大部分学生进不了他的班。哪怕是我去“走后门”也遭到拒绝。他说：“奥数班是为那些对数学有兴趣、有一定潜质的学生而开设的，因为它超出了学校的数学教学范围，数学水平一般的孩子上奥数班会因跟不上而心理受挫，久而久之，可能会丧失对数学学科的兴趣，所以拒绝是对那些孩子和家长负责。”

这些话是他常跟我说的，我渐渐理解了，可是很多家长不能理解和接受，到处找关系给他施压，希望自己孩子能挤进他的班。不过，李老师总会晓之以理，动之以情，一一拒绝。为这一点，我很佩服他。我能真切感受到他对数学的那份热爱和坚守。不过，他的孤军奋战到底抵不过家长和学生的执念，再加上同行竞争，他的奥数班也慢慢扩大规模，变成了学校。但是，他仍然坚持他的理念——奥数是适于数学尖子生的游戏，不适于大众学生。因此，他根据成绩把学生分成若干个班，然后进行不同难易程度的教学。他说这样做虽然很辛苦，但是至少可以保护普通孩子不会因为受挫过多而失去学习数学的兴趣。

后来，通过竞赛获奖而获得保送的机制被取消，一向现实的家长向李老师摊牌："奥数没用了，把中考的那些题型教会拿高分就行。"李老师无奈之下一步步妥协。上课的时候，他总是习惯性地想拓展一下孩子的数学思维，可是总被坐在教室后排的家长制止："超出大纲了，这种题型不考！"

李老师始终跟我说一个观点："数学是思维的体操，即便将来不搞数学，对孩子的思维也有很大帮助，可是现在学生学数学很多都'沦落'到背题型、背答案的地步。这样的数学课还不如不上！"

保护孩子的数学学习热情

提到振宇，李老师总会特别高兴，对我说："你保住了这孩子对数学的兴趣，功莫大焉！"振宇上初中后，课余时间到李老师的奥数班去上课。渐渐地，他觉得课程过于简单，"吃不饱"，于是主动调到高一个年级的班去听课。

李老师对我说："这孩子学数学的这份热情很难得，虽然欲速则不达，但是保护他的热情更重要。"后来，振宇对高年级的奥数班教学进度也不满足了，决定在家里自学，进一步钻研高中乃至大学数学课程。

从李老师的故事中大家不难发现，其实奥数本身没有错，它的的确确是适合数学尖子生的游戏，而很多家长无视这一点，不管孩子有没有兴趣和天赋，都以功利心盲目跟风。

奥数始终没变，变的却是世道人心。我正是认识到这一点，不论外界怎么评论，我都坚定自己对奥数的认识，从未动摇。

给家长的建议

对于报什么样的班，坚持什么样的梦想，我有两个建议。

1.**站得高，才能比别人看得更清楚。**家长应学会以更高维度观察思考，发掘事物的本质与真相，这样才能从根本上相信自己的判断，不受他人意见的影响。我们正是看到了振宇的兴趣爱好，也看到了21世纪是数字化信息时代，数学应用将极广泛，才会坚持一切都给数学让路。

2.**调查研究，找到最权威可信的解释。**当人们对一种事物莫衷一是，而自己又难辨是非时，家长切忌跟着感觉走或追随多数人的脚步，而应沉下心来认真求证，尤其是征求权威专家或成功实践者的意见，帮助自己做出正确判断。

第　　六　　章

“好生”与“差生”之间隔着一堵叫“效率”的墙

从玩上“治”拖拉

——教孩子高效能管理时间，去除拖延症

很多妈妈对我说，孩子做事情拖拖拉拉，早上赖床不起来，穿衣服磨磨蹭蹭，眼看要迟到了，吃起饭来只嚼不咽，急死个人，真恨不得抽他两巴掌。

的确，做事拖延的现象在很多孩子身上普遍存在，分析起来，主要有两种原因。

一是孩子对要做的事情并不熟悉，没有熟练掌握技能。比如，小学一年级的孩子写字慢，这是客观事实，可是在心急的家长看来，就成了孩子写作业拖延的问题。

二是孩子对要做的事情不感兴趣，或有很大的心理压力，不愿快速完成，这种情况才是真正的拖延。

第一种情况，需要家长根据孩子的实际情况制订目标，过高的要求只能让孩子有畏难心理，反而不利于目标的实现。第二种情况是我们接下来要讨论的话题——如何让孩子珍惜时间，与时间赛跑，甩掉拖延坏习惯？

▶ 有一种拖延其实是孩子在反抗

我邻居家有个7岁的小男孩，非常可爱，但有一个毛病，就是写作业磨磨蹭蹭。他妈妈为此没少和他发脾气，可就是不见起色。

有一天，我问这个小男孩："你为什么写作业要花那么长时间呀？"他噘着嘴说："以前我每次写完作业，妈妈总要留更多的作业让我做，不让我玩，所以我不如就慢慢做，中间还能趁妈妈不注意偷偷玩一会儿。"

虽然拖延在大人眼里是个坏习惯，但在孩子心里，它是一件"好事"，可以获得实实在在的好处，那就是可以用零星的时间玩。

这实际上是孩子的一种无声反抗，它的潜台词是："我不喜欢你给我做的安排！"孩子哪里知道，做事拖延最终的受害者是他自己，本来可以缤纷多彩的美好时光却因为拖延而黯然失色，低效运行，没有活出应有的生命状态。

▶ 在玩中养成高效完成任务的习惯

在这里，我分享一下振宇的故事。振宇高中放暑假回国，有一次对我说："妈妈，有同学问我，为什么你总有大把的时间玩，我们学习学不过你，为什么玩也玩不过你？"我问他：

“那你是怎么回答他的？”他笑道：“我说我也不知道啊！”

其实，答案就在振宇心里。从小到大，他的时间观念一直非常强，可以说他的时间是分秒必争的。

记得振宇小时候，有一次他和小表叔踢足球，他学会了划地铲球射门，每射必中，玩得特别开心，其间上厕所都是一路小跑，生怕浪费一分一秒。在他心里，这才是他最想要的感觉。

在观察中我发现，振宇在玩的时候是最珍惜时间的，所有与玩沾上边的事也都很高效。比如，规定他写完作业可以打台球，他会在学校利用自习课时间完成所有作业；规定他打电脑游戏的同时听《经典诵读》，他很快就能倒背如流。所以，我们有意“纵容”他的玩，促其养成高效完成任务的习惯。

在我们的默许下，振宇每天睁开眼睛就开始玩玩具，搭积木可以搭成立体组合式建筑；用扑克搭房子可以一直把扑克搭得和他一样高。6岁生日那天，爷爷买来带小电机的乐高玩具，他一摆弄就是四五个小时，最后拼成会升降的吊车才离开。可以说，每次玩，他都全神贯注、争分夺秒、不知疲倦，甚至可以不吃不喝、不睡不歇。家里人因此都叫他“大玩家”。

振宇把从玩上养成的高效率做事的习惯用在了学习及其他事情上，因而往往能在有限的时间里做很多事情，可谓学得高效，玩得尽兴，不知不觉中成了同学眼中会学又会玩的“神奇小子”。

给家长的建议

从振宇的成长经历中，我总结了几个高效管理时间的方法。

1.要想学好，先玩好。每次振宇玩痛快之后，都会更加专心做事和学习。玩是孩子的天性，在玩中，孩子的心理需求与大脑发育的需求得到充分满足，这样他才会在接下来的学习中心无旁骛，而不是想方设法在开小差中补偿自己。所以当孩子在玩的时候，家长尽量满足他的需求，让孩子玩得尽兴。

2.多难的事都尽量独立完成。老师让家长考背诵的单词与课文，振宇都能按要求自己考自己，独立完成。下国际象棋也是自己和自己下。这减少了很多等待与空耗的时间。

3.敢于说“不”。振宇上初中后，拒乘校车，坚持骑自行车上下学，这样他就可以自己掌控回家时间，做喜欢的事情，比如放学后和同学玩会儿篮球，或者去书店买几本书。

让孩子提高效率，家长千万不能起破坏作用，需牢记以下“五不”原则。

1.不打扰原则。不侵占孩子时间，保护孩子的边界。在他学习的时候尽量不去打扰他，比如不在他学习期间送水和水果。

2.不浪费原则。不带孩子应酬，即便参加，也要适当或提前送回家。尽量不要让孩子等大人，让他的时间“空转”。

3.**不包办原则**。让孩子独立做事，独立思考，独立选择，不要代劳。

4.**不怀疑原则**。信任孩子，让孩子拥有属于自己的时间，成为时间的主人，给孩子充分的自主权。

5.**不剥夺原则**。允许孩子有梦想、有追求，支持他并为此付诸努力，哪怕他的想法是你内心不赞成的。

“IMO”参赛故事

——以高质量陪伴促孩子高效做事

在现实生活中，我们会经常看到这样两个场景：

餐馆里，爸爸和妈妈把孩子丢在一边，自己只顾低头看手机。孩子很无聊，不时地大声哭闹或“骚扰”爸爸妈妈，以引起他们的注意。

在火车上，孩子没有任何玩具或书籍，非常无聊，一会儿踢踢椅子，一会儿弄弄扶手，搞出怪动静，吸引大人的注意。

在第一个场景里，父母无视孩子的存在，没有用心陪伴孩子。当孩子的需求没有得到家长的重视与回应时，孩子的自信心就会受挫，对自己产生怀疑：“我是不是做得不够好，爸爸妈妈才不理我？”久而久之，孩子会越来越不自信，他的专注力会逐渐下降，拖延的毛病就会逐渐养成。

在第二个场景里，父母忽略了孩子的精神需求，没有给孩子准备读物或玩具，让孩子白白浪费了旅途时间，久而久之，也会造成孩子精神涣散、注意力不集中的问题出现。如果家长能利用这个机会和孩子玩一些游戏或与孩子交流互动，则能开发孩子的智力，提高其专注度，又能增进亲子感情，可谓一举三得。

这两个场景都说明了家长陪伴的重要性。家长仅仅待在孩子身边是不够的，关键是要用心陪伴。

▶ 不缺席孩子的童年

在振宇小时候我经常带他旅游，而旅途也成了我进行亲子教育的“课堂”。

我会经常和振宇玩词语接龙游戏，或各自编谜语让对方猜，振宇每次都玩得兴高采烈。我至今还记得他自编的一个谜语：“有一个东西，飘呀飘，飘呀飘，飘到地上不见了，是什么？”“是雪！”

词语接龙可以增加孩子的词汇量，丰富其语言储备；编谜语可以提高孩子的创造力、观察力和语言的表现力。更重要的是，这两种玩法都让振宇大脑飞速运转，他的反应越来越快，在不知不觉中提升了思维速率。

此外，高质量的陪伴让振宇的情感得到极大满足，他的脸上总挂着灿烂的笑容，做事的专注度与效率也越来越高。

▶ 用陪伴行动为孩子打气

振宇留学后，我陪伴在他身边的时间少了，但是在他最需要我的时刻我从不会缺席。

振宇临近高中毕业的时候，突然来电话说，他入选了英国奥数国家队，6月29日从伦敦飞往开普敦参加国际数学奥林匹克竞赛（IMO），可是6月19日他毕业考试结束后就没事了，他不想等待9天，因为剑桥大学的录取基本已尘埃落定，不需要参赛成绩了，所以想退赛回国找同学玩。我一听就急了，对他说：“参加IMO是你多年的梦想，决不能放弃！”振宇见我这么坚定，就有点儿赌气地说：“除非你和我爸能来英国陪我，你们能来吗？”当时，我先生在成都有项重要工作，千头万绪，可是他坚定地对振宇说：“咱们英国见！”

距6月19日只有10天了，当时我们正在准备从北京搬家到成都，家里大包小包乱成一片，但我们顾不上了，马上着手办理赴英加急签证。记得在签证中心按手印，由于着急，我的手纹几乎看不到，连续试了20多分钟才勉强过关。终于在6月19日那天我们赶到英国，见到了日夜思念的儿子。

10天英伦之旅都是振宇一手策划安排的，这是他留学3年来我们全家首次在英国相聚。振宇利用旅途中所有可以利用的时间做赛前准备，地铁里、火车上、旅游的间隙手不离书，专注的神情让我想起他小时候在火车上玩时那种只争朝夕的劲头。10天后，我们一同来到机场，我和我先生登上回国的飞机后，他则登上了飞往开普敦的飞机出征IMO。

给家长的建议

陪伴孩子不是说守在孩子身边就行，而是要把陪伴当作家庭教育的契机。那么，家长在陪伴中应注意什么？我认为要着重做到两点。

1.**对孩子的需求第一时间做出回应**。孩子在与家长相处过程中，特别渴望家长对自己正在做的事情给予关注和肯定，这个时候家长不要把孩子当成“透明人”，而要能够“看见”孩子在做的事情，并通过夸奖和肯定，让孩子在自信和愉悦中加快完成任务的节奏。

2.**父母要学会用心用脑陪伴**。不是只有坐在书桌前才是学习，生活中有很多碎片时间，有心的父母可以巧妙地加以运用，以游戏的方式让孩子的大脑转起来，快速思维的习惯就是在这种看似无意的玩耍中慢慢养成的。

支持孩子的梦想
——让理想指引孩子提高做事效率

一天24小时，每个人都是相同的，但是，有的人成了时间的主人，有的人却成了时间的仆人。事实证明，拥有梦想的孩子懂得珍惜时间，注重效率。因为当一个人有了梦想，就有了前行的目标和动力，时间变得无比宝贵。

▶ 有梦想的孩子，做梦都在飞翔

我至今清晰记得，小学一年级，振宇在他的成功日记里写下了“我的十大梦想”，每个梦想都充满童趣：

1. 我要成为世界上最优秀的乒乓球运动员。

2. 我要周游世界，把最美的风景画下来。

3. 我要在家中养各种宠物，包括小狗、小猪等。

……

带着这些梦想，振宇在练习打乒乓球时格外投入，他可以不间断地与教练对练800个球；画画也非常有定力，可以持续画上3小时。

有梦想的孩子，做梦都在飞翔。振宇与同龄孩子相比似乎更懂得珍惜时间。刚留学英国时，他常常带着一本书去上体育课，一有空就翻翻书，外籍同学们无法理解他的用功行为，连呼："why？"甚至把他当作怪人孤立他。

假期回国，我们一家三口爬香山，我和我先生追不上他的步伐，每次撵上他，都会看到他坐在路边捧着本数学书在看。还有一次在他表姐的婚宴上，大家都在喝酒交谈，只有他在聚精会神地看平板电脑上的数学题。

有梦想也有效率

我记得特别清楚，振宇17岁时跟我提出了创业的设想。而且，这孩子不是只有想法，而是已经开始行动了。他来电话说："我正在调查创业的可行性，希望将来在创业时你们能把自己的人脉提供给我。"我说："没问题，你想在假期参加我和朋友的聚会，是不是跟这想法有关？"他说："当然有关系，将来无论干什么，社交都很重要，我要提高自己这方面的能力。"

后来，他在电话中谈及详细的设想："我想上大学后给考剑桥大学、牛津大学的学生做辅导。这项工作给我带来收益的同时，对自己也会是个很好的锻炼。"我说："不管将来成不成，妈都支持你，你能脚踏实地为自己的梦想做准备就是好样的。”

到了大三毕业季（剑桥大学数学系本科学制为三年），他对于教育领域创业的规划基本确定了。为此，他忙得不亦乐乎，又要给学生备课、讲课，又要动员游说几个剑桥同学合伙一起创业。我看过一篇调查文章，国内大学生创业失败率很高，专家提醒要慎重，说实话，这让我内心一度很焦虑，可是我知道自己不能扼杀孩子的梦想，与其担忧，不如支持他努力成为成功的少数人。

振宇一毕业就回国创业，做的第一个项目是与剑桥师兄一起开发教育平台，目标是减轻学生上各种补习班带来的经济压力和麻烦，实现免费在线学习。

客观上讲，如果真研发成功了，这无疑将是一次革命，也是家长和学生的福音。一开始，一个天使投资人对他们的项目很感兴趣，可是看了他们花了两个月时间做出来的初步设计方案后，给出了否定结论。

刚起步即失败让振宇一下子冷静和现实了很多。他很快从失败阴影中走出来，着手对两个准备剑桥面试的学生进行高强度辅导。他说这两个学生一个接受辅导时间短，一个数学基础差，挑战都很大，但如果成功，将有力地证明他教学的效果。在悉心辅导这两个学生的同时，他还与某平台合作录制关于打造超级学习力的音频节目，共12期，每周录一期，并有3次线上直播互动。

振宇辅导的这两名学生最终都考上了剑桥大学数学系，这让他信心大增，他说：“搞教育没有捷径可走，就是从教学生开始，一点点做大。”

他选择成都作为下一步创业的实验地，他认为成都是准一线城市，教育人口多，这给他带来机会。振宇办事高效的风格这时又体现出来，他在毕业那年（2017年）12月31日新年钟声即将敲响的时刻，启程开赴成都。

剑桥毕业生到成都创业成了当地轰动新闻，四川电视台连续做了两次电视直播访谈，当地报纸给予了大篇幅报道。好多家长和学生慕名而来，振宇的教学很快进入满负荷状态。他觉得单靠自己是无法把事业做大、做强的，于是在半年后果断返回北京，创建公司和组建团队，两年中从最初他一个人发展到百人规模，从一个校区发展至三个校区。

从振宇追梦的故事中可以看到，梦想真的有神奇的力量，它让人进入“满血”状态，注意力高度集中，潜能得到充分激发，效率得到最大提升，从而收获不可思议的效果。

给家长的建议

如果孩子的梦想最初看上去没有那么美好和切合实际，这时候家长该如何对待？我的建议如下。

1.**不以自己的价值观来判断孩子梦想的好坏**。只要不违背大的是非原则，允许孩子坚持自己的梦想，一段时间后自然能辨别清楚。

2.**给予及时的肯定和鼓励**。孩子在追梦过程中最渴望得到父母的认可，父母千万不要吝啬掌声，这会给孩子极大激励。

3.**允许孩子调整自己的梦想**。当孩子搁置原来的梦想，又有新追求，千万别批评孩子，因为每一次调整都会更接近梦想的实现。

高效学习的秘诀
——让思考力成为孩子学习的加速器

一些家长反映，孩子学习很用功，为何成绩还是不好？是不是太笨了？其实，这往往不是智力的问题，而是孩子在学习的时候，大脑没有运转起来。

▶ 提升学习效率的窍门——思考

振宇曾教过一个女学生，她学习很勤奋，对她来说时间总是不够用。经过观察，振宇发现她一直在做一件事情，那就是她把笔记做得超级工整，不允许写错一个字，有的时候不小心哪句话写错了，她就会把那一页撕掉，然后重写。

振宇问她："你花这么多时间做笔记，你自己真的会去看吗？"她坦白地说，基本上不会去看，但她一直固执地认为把笔记整理好，学习肯定会变好。振宇说："没有进行思考，记笔记就成了形式主义，浪费了大量宝贵时间不说，学习效果也不会好。"

振宇学习效率很高，我曾让他总结一下提高学习效率的窍门，他说了两个字："思考。"在他看来，学习效果跟付出的时间多少没有关系，而跟思考的程度关系密切。

在我看来，振宇从来都算不上用功，他无法像多数学生那样能在教室里从早学到晚。但他有一个最大的优点，就是爱动脑筋。

在初四（四年制初中）辍学在家自学那段时间里，他买了高一到高三的数学练习册，想快速把这几千页的练习册从头"刷"到尾，学完整个高中阶段的数学。但是，题似乎永远做不完，这让他陷入深思：如果已掌握知识点了，做这么多重复练习有意义吗？如果同一类型题，只选择一道题做"透"了，就可以省掉重复练习10道题的时间，这样效率不就提高10倍了吗？此后他不再重复练习，而是把同类型题的"灵魂"抽取出来，"学深吃透"。这种学习方法竟让他奇迹般地用一周时间学完了高中三年数学课程。

如此高效学习让振宇人生中第一次找到自信。从此，他进一步锻炼自己举一反三的能力，力争把学习效率再提升一个台阶。比如，一些题会给出条件A、B、C，求D，那么能不能把它变成给出条件A、B、D，求C，或给出条件B、C、D，求A。如果都会做了，那么学习效率岂不是又提升了4倍？振宇的学习方法不一定适合所有学生，但提供了一个启示——不断思考能够有效提高效率。

▶ 用数理逻辑课提升思考力

振宇非常喜欢数理逻辑这门课，这是大学中研究生上的课，可是他在上高中时就开始自学了。一开始，书里的东西对他来说特别高深，他常常一句话要读上几十遍，也不一定能参透其中的奥妙。他说那段时间他每时每刻都在思考，还发现自己之前看似每天花了很多时间在学习数学，但其实并没有真正地在学习，因为有时遇到不会做的题，常常是看了5秒钟就放弃了，然后去找答案。连5秒钟的思考时间都没有，怎么能算是真正地在学习呢?

通过不断思考数理逻辑这门学科，他能清晰地感受到大脑的运转，感受到自己的思维和理解能力在飞速地提高。当学完了这门课的前几章之后，他带着更高明的思维逻辑去看高中的数学课程，又去自学大学的课程，那些课程就变得简单多了。

▶ 不要陷入低效学习状态

振宇跟我讲过这样的故事：他经常遇到学生来问市面上的哪一种练习册最好，有没有那种只要背会了每一道题的答案考试就能拿满分的练习册，有没有一劳永逸或者只要肯下苦功夫就能成功的学习方法。这些问题让他觉得特别无奈。他说：

“难道平时跟你们说的思考很重要都没有听进去吗？只有思考才会让你的脑子越转越快、越转越灵活，人的大脑永远不会因为思考而劳累，相反会因为思考而觉得更轻松。”

不论是懒于思考，还是情绪低迷，都会导致孩子陷入低效学习状态，对学习十分不利，必须改变。原因是：

1.容易让人失去自信。低效状态会让人忘记自己潜力有多大，容易自暴自弃。即便努力了，也不敢想自己会达到一个什么样的高度。

2.影响考试状态。因为考试时需要在最好的状态下完成考卷，如果平时都处于懒散状态，考试的时候想让自己百分之百专注于答卷是不可能的，而且往往是做着做着就回到平时懒散做题状态之中。

给家长的建议

如何改变低效学习状态呢？

振宇在上学期间经常用的一个高效学习法叫“小目标学习法”，这是他自创的名字，就是把一个非常大的目标碎片化，切割成一个个几分钟便能完成的小目标。使用这个方法时有以下几个注意要点。

1.定目标时一定要定时间。比如，有的孩子给自己定目标是考全班第一，但是如果不给自己定时间的话，就没有紧迫感，这一次没有达到，他就会说“没关系”。这样定目标就很难达到效果。

2.定目标尽量要细化，有可操作性。比如，看一本400页的书，会让人望而生畏。但可以规划好一天要看多少页，什么时间段看。这样下来，你是自己在跟自己的时间赛跑，有一种自己牵着自己的感觉，高效率自然就有了。

3.定目标时标准要稍高一些。比如，你每天可以跳绳200个，如果定的目标是每天跳300个，你至少每天能多跳100个。如果你把目标只设定为200个，则不会有每天的进步。

第　　七　　章

培养自控力，克服“管不住自己”的问题

让孩子主动卸载游戏

——教孩子通过自我管理达成目标

很多家长感慨：孩子坐板凳如坐针毡，除了不想学习，什么都想。可是很多孩子也有委屈：不是我不想学，是脑子不听我的。

管不住自己，是处于少年时代的孩子们的通病，这“病”能治吗？

▶ 把卸载游戏的主动权交给孩子

振宇是个电子游戏大玩家，可是在备考大学那一年，他主动把电脑和手机里每天玩的游戏全部卸载，全力以赴备战。

一年后，他先后收到了巴斯大学、香港大学、帝国理工大学和剑桥大学的录取通知书。进入剑桥大学之后，振宇又把游戏装回了电脑和手机，每天都要有1～2小时的玩游戏时间。用他的话讲，当初卸载游戏是为了以后能更好地玩游戏。

主动卸载游戏是一种自律行为，是在自觉自愿的情况下进行自我管理。自律又叫自我控制力，它是心理学上的一个重要名词，是指个体在没有外界监督的情况下，控制和调节自己的行为，压抑冲动、抵制诱惑、延迟满足，坚持不懈地保证目标实现的一种综合能力。它是一个人走向成功的重要心理素质。

美国心理学家沃尔特·米歇尔认为，影响一个人成功的最主要因素，不是智商也不是情商，而是自控力。

就算是最聪明的孩子，也要完成家庭作业和认真备考才能够考出好成绩。自律会让一个人的满足感和成就感提升层次，进而获得一种充满力量的自由感。这种自由感会支撑一个人继续超越，达到更自律、更自由的良性循环状态。

▶ 洛克菲勒家族的教育启示

洛克菲勒家族尽管富甲天下，但是从不在金钱上放任孩子。在洛克菲勒三世小时候，父亲跟他约定，每周只给零花钱1美元50美分，最高不能超过2美元。而且每周要核对账目，每次领钱都要由家长审查他的账目，如果支出用途正当，可以增发10美分，反之则扣发10美分。久而久之，洛克菲勒三世形成了节省开支的习惯。

洛克菲勒家族通过这种办法，使孩子从小养成不乱花钱的习惯，学会精打细算、当家理财的本领。这种旨在教孩子在金钱上自律的方法，使洛克菲勒家族的后代拥有了极高的财富管理能力，他们在成年以后都成了企业经营的能手。

自律是一种习惯，最好从孩子小时候就开始通过有效方式加以培养，而自律一旦成为孩子下意识的行为，家长可省去监督的时间和精神成本。

自律虽然会让孩子感到行为受到限制，却可以帮助孩子获得成就感与满足感。自律能帮助孩子更高效、更顺利地完成任务，达成目标，对于孩子的安全感与自信心的建立十分有益。

爱在左，约束在右，生活在爱与约束环境中的孩子，会获得爱的滋养与心智的成熟，拥有稳稳的幸福与锐意进取的人生。

给家长的建议

如何培养孩子的自律习惯，可以试试下面两个方法。

1.家长可以在与孩子互动和游戏中，使其养成自律的习惯。比如，当孩子画完一幅画，或做完一个手工作品后，不要让孩子如释重负般跑掉，而是让他品评一下自己的作品有什么优点和缺点，家长也帮助指出有什么问题，并要求他马上修改。久而久之，孩子自己就会在创作结束之后自我审视，并进行修改完善。

另外，家长还可以跟孩子玩一些游戏，比如玩搭城堡的游戏，在游戏中不断增加难度，刺激孩子更加专注，即便家长离开了，他也能聚精会神地完成任务。这些做法可增强孩子的自我管理能力，有效控制自己想“溜号”的冲动，是典型的寓教于乐的亲子教育妙招。

2.针对学校和幼儿园教育中缺失的自律内容，在家中补充完成。育人需要社会、学校、家庭教育三位一体，协同配合。比如，孩子上课不守纪律，下课玩起来不管不顾，老师因为班级孩子多，无法针对这个孩子进行有效管教。那么家长了解情况后，可在家中让孩子做一些制订计划、自我管理和学习效果自我评价的练习，让孩子学会适当约束自己的玩心，从而达到学校教育、家庭教育的平衡和配合。

要他学不如他要学

——训练孩子在大人不监督的情况下自主学习

20世纪60年代，美国斯坦福大学心理学教授沃尔特·米歇尔设计了一个关于“延迟满足”的实验。

米歇尔找来几十个孩子，让每个孩子单独待在一个房间，桌子上摆放着棉花糖。他告诉孩子们：“我有事要出去一下，你们有两种选择：一是可以马上吃掉棉花糖；二是等我回来时再吃。如果能够等到我回来时再吃，就可以再得到一颗棉花糖作为奖励。”

结果是大多数孩子没有坚持到3分钟，直接把糖吃掉了。只有大约1/3的孩子，成功延迟了自己对棉花糖的欲望，等到15分钟后有人回来兑现奖励。

十几年后，米歇尔对当年参与实验、如今已是高中生的孩子们进行了跟踪回访，调查结果发现：当年没能坚持下来而直接吃掉棉花糖的孩子，通常难以面对压力，注意力不集中，容易出现行为上的问题，成绩比较差，很难维持与他人的友谊；

而那些等上15分钟再吃糖的孩子，因为自控力更强，学习成绩比前者好很多。

30年后，米歇尔再次对当年参加实验的已步入中年的研究对象进行跟踪调查发现：当年不能等待的孩子进入35岁以后，有了更高的体重指数，并且更容易有吸毒方面的问题；而当年可以等上15分钟再吃糖的孩子，多数都有非常好的事业与生活。

由以上实验可以看出，自控力对一个孩子的一生影响有多大。

▶ 激发孩子的自主学习动力

我从振宇小时候就开始有意识地锻炼他的自控力，他在上小学、初中时有一定的自主学习能力，但表现得还不是特别明显。

初中毕业那年，我们做出让他留学的决定后，爷爷固执的阻挠让他感受到出国不易；看到我们四处为他筹集学费和生活费，他感受到留学给家庭带来了不小的经济负担。这激发出他强烈的责任感，他脱胎换骨一般拼命自学起来，这才有了后来的成绩。

可以说，是“我要学”的自发动力令振宇实现了人生完美逆袭。可是，在现实生活中，很多孩子处于“要我学”的麻木状态，家长对此叹息道：“有了监督，孩子还能学一会儿；如果大人不在一旁监督，孩子马上就‘溜号’。真不知道咋办才好？”

给家长的建议

孩子的自主学习习惯如何培养？这是多数家长面临的困惑。我的建议如下。

1.一开始可带着孩子一起学习，为孩子营造专心学习的氛围。坚持三周之后，孩子专心学习的短期习惯就会养成。之后，家长则可以放手让孩子自己学习，不必每天在一旁督促。

2.让孩子亲近书桌，养成自主阅读和学习的习惯。家长可以买一些孩子喜欢的印刷精美的故事书和带图画的书，吸引孩子亲近书本，亲近阅读。

对孩子的阅读行为可以实施奖励，比如看完一本书，可带孩子去买一本他喜欢的新书，或者以积分的形式兑换他喜欢的物品。另外，还可以带孩子选购一个非常漂亮的日记本，让他记录自己每一天的点滴进步。每周和孩子读一次成功日记，然后大大地夸赞一番，给孩子一个大大的拥抱和亲吻。

这样，孩子见了书桌就会产生亲近感，进而对书桌上的事情产生兴趣。

放手前先训练自控力

——四种方法练出孩子超强自控力

我们知道，肌肉通过锻炼，可以增加肌肉纤维与肌肉组织的厚度与致密度，让人变得强壮。自控力的训练也是如此，通过科学有效的训练，可以提高孩子的自我管理能力。自控力最好在儿童期就开始培养，相对容易；孩子大了，任性惯了，再去培养他的自控力，难度会加大。

我向家长推荐4个培养孩子自控力的好方法。

▶ 鼓励孩子等待，并向孩子证明等待是值得的

这个方法的要点是，家长让孩子等待的事情，一定是孩子真心喜欢与向往的，这样孩子的延迟满足才能够坚持下去。当孩子完成事先约定的任务时，家长也务必兑现承诺。

振宇小时候，有一次姥姥带他去逛街，振宇喜欢上了一把漂亮的水枪，蹲在那里不肯离开。姥姥对他说："买水枪可以，但是买到水枪以后就不能再买冰激凌了。"振宇点点头表

示同意，于是炎热的下午，爱吃冷饮的振宇果然没有让姥姥买冰激凌。

刚到家不久，小表妹就来到家里做客，姥姥提醒振宇：“如果一会儿你拿出了水枪，那么你就得送给表妹，因为你是哥哥。如果你等妹妹走了再玩水枪，那么表妹就不会要你的水枪。你自己决定吧……”振宇为了保住自己心爱的水枪，硬是撑到表妹走了以后才拿出来玩。

这个过程让振宇意识到，原来短暂的自我克制，可以帮助自己获得长久的享受。从那以后，振宇非常配合大人的一些要求，每次与大人达成的约定都严格遵守，而我们也言出必行，兑现承诺。

遇到事情让孩子自己做计划

朋友的孩子亮亮吃饭时磨磨蹭蹭，妈妈经常批评他。经过咨询，妈妈改变了方法，和亮亮商量：“如果让你来设定自己的吃饭时间，你希望是多长时间？”亮亮想了想说：“半个小时吧。”妈妈又问他：“你希望妈妈在旁边提醒你吗？”亮亮点点头。于是在亮亮吃早饭时，妈妈在旁边笑着提醒：“亮亮，距离你的计划时间还有10分钟哦！”“现在距离你的计划时间还有5分钟哦！”由于这个计划是亮亮自己设定的，因此亮亮很愉快地加快了进度，在规定时间内吃完了早饭，创下了自己吃早饭时间的最短纪录。

振宇很小的时候我们就非常尊重他的意见，玩什么游戏都让他自己安排计划、分配时间。每取得一点进步，我们就和他一起记录到成功日记里。久而久之，振宇树立了很强的自律意识，他在学习上基本能够做到自我规划和自我管理。

出国前，振宇形成了两方面自律习惯，即生活上的自律和学习上的自律。生活上，他能够照顾和管理好自己的饮食起居，可以拿着地图，骑着电动车，去城市的任何一个地方。在与人交往方面，我们经常让他邀请小朋友们到家里来玩，由他来招待，每次都玩得很尽兴。在学习上，他能够自学高中和大学的课程，在网上找到他所需要的知识与答案。振宇在生活上的自律与学习上的自律，是我们放心送他远渡重洋去英国读高中的重要原因。

▶ 对孩子进行延迟满足的训练

延迟满足也可以理解成忍耐，为了追求更高的目标，获得更大的享受，而克制自己的欲望，放弃眼前的诱惑。

延迟满足能力弱的孩子，容易出现一些不良行为习惯，比如边写作业边看电视，上课时东张西望、搞小动作，放学后贪玩不回家，睡懒觉不起床等；在性格方面也容易急躁，缺乏耐心，出现心理问题的概率也比较大；在社交中容易羞怯、退缩、固执、优柔寡断；遇到挫折和压力时也容易心烦意乱，退缩不前或不知所措。

培养孩子延迟满足的能力非常重要。家长可以采取循序渐进的方法培养孩子的忍耐力，比如，当孩子提出一项要求时，不要立刻满足，而要适时地延迟满足的时间，并给予夸奖和鼓励。

我的一位同事在他儿子上幼儿园时，每天都会在他儿子口袋里放一块巧克力，并且告诉他："儿子，如果你今天在幼儿园没吃掉这块巧克力，爸爸就奖励你一本你最喜欢的变形金刚的书，如果你能坚持一个星期，爸爸就给你买一个你最喜欢的变形金刚玩具。"

结果这孩子坚持了一个月，每天都成功地把口袋里的巧克力带回家，爸爸也兑现了承诺，给儿子买了一个超大的变形金刚玩具。由于具有超凡的自控力，这孩子后来在学业上取得了很好的成绩，他擅长的小提琴、网球、滑雪等特长爱好也都达到很高的水准。

▶ 通过角色扮演提高孩子对自我行为的约束力

游戏是孩子的天性，如果有一种游戏，既能让孩子沉浸在自由自在的想象乐趣之中，又能够让孩子主动约束自己，控制自己的冲动，那该多妙！美国有一套叫"心智工具"的系统课程，就恰好满足了这一要求。

“心智工具”课程要求孩子们拿出笔和纸，写下自己想玩什么、用什么道具、怎么分工，等等，游戏的计划完全由孩子自己完成。在玩游戏过程中，老师们会提醒走神的孩子始终记住自己的角色，不能懈怠。比如，一个扮演饭店服务员的小孩，他必须真的拿个小本在那里记录，他可能不会写什么字，但是无论如何，他都要想办法记下每个顾客都点了什么菜。只要游戏没有结束，他就得捧着小本坚守岗位。这种模拟游戏有效训练了小孩子克服困难的能力。孩子们在不知不觉中接受了训练，这个游戏最有价值的地方就在于此。

还有一个培养自控力的游戏叫“伙伴阅读”。要求两个孩子一组，一个孩子讲故事，另一个孩子听故事。然后再交换游戏角色，这可以训练孩子耐心等待和倾听的能力。在这样的训练和游戏中，孩子的自我管理能力得到充分的锻炼与提高，某种意义上这比孩子学到文化知识更有价值，也更值得孩子投入时间去体验和实践。

学会夸娃
——适时鼓励，筑牢孩子自学习惯

对孩子来说，自学是自律的最高境界。一个孩子如果能够养成自学的习惯，就可以高效能地学习，那么，在学习这条赛道上他就可以全速前进，获得无比的自信与自由。在孩子自学的这条道路上，作为父母其实不用做太多，只需做好一件事，那就是适时的肯定和鼓励。

▶ “自学的时间比国内最用功的学生还要多！”

振宇留学后，有一次在电话中跟我感慨：“我现在用在课堂上的时间比国内最不用功的学生都少，可是我自学的时间比国内最用功的学生还要多！”听后，我由衷地赞叹道：“儿子，你真棒！”

这的确是振宇留学英国后变化最大的地方。回想出国前，普通的数学课堂教学“喂不饱”他，于是他在数学课上偷看高中数学教材，结果老师发现后给他泼了冷水：“韩振宇，别装了，你数学能考100分吗？上课要跟老师的教学节奏走！”

去英国上学后，学习环境发生根本变化。学校每天课时不多，下午3点之后就没课了，老师也很少留作业，大把大把的时间留给学生自己来支配。这下子振宇内心深处的自学欲望得到了充分满足。他利用课余时间学习感兴趣并渴望有所建树的数学学科，数学水平明显提升，连续多年拿到BMO（英国数学奥林匹克竞赛）和BPO（英国物理奥林匹克竞赛）金奖，在塞浦路斯举行的BMO2013巴尔干地区数学奥林匹克竞赛中获得银牌。比获奖更重要的是，他赢得了自信，也更坚定了自学的信心。

▶ 目标调动起自学热情和效率

振宇有一次以玩笑的口吻对我说：“妈，英国IMO组委会现在隔三岔五给我发来一些练习题，嘱咐我要坚持练习，争取在这一届IMO中取得好成绩，看来我不好好准备都不行了。”英国IMO组委会的电话和习题激发了他向着世界数学奥林匹克山峰攀登的热情。这让我惊喜不已，我知道一旦有了目标和方向，他的自学热情会被调动得更加充分，效率也会更高。

除了数学，儿子在其他方面也给我们带来接二连三的惊喜。比如，他主动研究哲学，主动参加各种活动锻炼社交能力。他还自学了爱因斯坦的《相对论》，并上台与同学分享。这些都不是我们要求他的，是他对自我提升的要求使然。所以，每一次听他兴冲冲地讲他又学到了什么时，我都会马上夸赞道：“儿子，好样的！”

后来，有个数学公益组织专门安排数学高手无偿辅导在数学竞赛中取得优异成绩的学生，振宇幸运地得到了一位曾三度在IMO获奖的剑桥三一学院学生的辅导。有了高手的点拨，振宇的自学更有底气和保障了。

强烈兴趣支撑的自学之路将走得更远

那时候，我常常感慨：同样是面临上大学，儿子的国内同龄人正在夜以继日地埋头苦学，而他则在自己的数学王国里快乐自由地驰骋。

我曾问过振宇：“在英国，学生都不怎么用功，将来能行吗？”他是这样答复的：“在英国，虽然学生用在课堂上的时间很少，但是他们对自己喜爱的学科的痴迷和投入程度是我们无法想象的。拿我来说，我用在数学上的自学时间已经够多了，可是跟周围一些同学比，还是自愧不如。”

振宇告诉我，英国的学生没有奥数辅导老师，没有练习册，他们全凭自己学习和领悟。虽然他们的学习效果可能暂时不如从“生产线”上走下来的学生强，但是他们非功利性的强烈兴趣和自学能力可以保证他们在数学研究的路上走得更远。

他举了一个例子来证明英国学生对数学的痴迷程度。在塞浦路斯欧洲数学竞赛结束后，劳累了几天的他美美地睡了一大觉。在他睡觉的这10小时中，他的英国队友们并没有休息，而是一直围绕比赛试题进行讨论。他跟我感慨地说："当我睡醒看到这一幕，内心受到强烈刺激，和他们一比，他们才是真的喜欢数学，而我内心深处只是拿数学作为上剑桥的敲门砖。"我马上回应道："儿子，你也是真的喜欢数学，妈妈知道！"

振宇反省得有道理，他一向热爱数学，但是功利性的学习态度偶尔也会冒头。不过，在周围同学的影响下，他渐渐去除了功利想法，把目光投向更长远的未来，从此他自学的深度和广度也在不断拓展。在国内同龄人高考结束后狂撕书本、庆祝大功告成的时候，他正在自学剑桥大二的课程。

给家长的建议

自学是开启孩子生命自觉意识与主动意识的钥匙，是探索知识海洋的小舟，也是孩子驶向成功的重要赛道。自学需要孩子有强烈的求知欲与旺盛的探索精神，更需要家长适时的肯定、鼓励与帮助。当孩子开启热情高涨的自学模式时，家长怎样做才能真正帮到孩子呢？我认为应注意以下几点。

1.**及时肯定和鼓励**。当孩子高兴地跟你描述自学成果时，他心理上已有被家长夸奖的预期，家长及时肯定会让他有极大满足感和自豪感。

2.**赞扬要适度**。对孩子自学行为的赞扬要适度，应本着客观理性原则，让孩子既保持自学的积极性与热情，又要避免被表扬冲昏头脑，对自己的实力产生错误的评估。

3.**测试自学成果**。对孩子自学成果要进行测试，切忌囫囵吞枣、贪多嚼不烂，对不会的习题放一段时间，再让孩子做一遍，实在不会的习题与知识点可以请老师统一讲解。

4.**规划与展望**。对孩子的自学成果肯定过后，要问孩子“你下一个目标是什么”，引导孩子做远期规划，设定长远目标，激发孩子进一步努力拼搏的斗志和雄心。

第　八　章

自信心是成功的催化剂

“妈，我可重要了！”

——帮孩子树立自信心，塑造优秀的人格特质

我的一位好友曾跟我分享过她的教育心得。她在给一个表演班的孩子上课时，发现一些孩子很害羞，不敢在公众场合展现自己。于是，她设计了自由舞蹈课，让孩子打破自我局限，自由表达，孩子的脸上马上就有了灿烂的笑容。家长反映，孩子上完课，像换了个人似的，大方、自信多了。

朋友深有感触地对我说：自信其实是一种能力，当孩子具备完成一件事的能力之后，他自然会自信。

从心理学的角度来讲，自信心是我们成功后获得的一种“良性情感”，它不等于成功，却可以在很大程度上促使人获得成功。可以说，自信心是成功的催化剂。

脑科学研究表明，我们普通人的大脑只开发了很小一部分，未开发部分即是我们每个人的潜力部分。自信就建立在对大脑潜力的开发上，自信的人相信自己拥有无限的发展可能，不自信的人不相信自己通过努力可以创造奇迹。

因此，培养一个人的自信，尤其是培养一个孩子的自信，就等于赋予他生命发展的无限可能。

▶ 自信对孩子成长的意义

我学过心理学，深知自信对一个人成长的重要性，所以在振宇的成长过程中，我非常注意培养与保护他的自信，而及时肯定和鼓励最能培养孩子的自信。

我至今清晰地记得，振宇上小学一年级时，每天放学要排好队，等待家长来接。有一次，接他回家后，他拉着我的手认真地说："妈妈，我可重要了！"我忙问："怎么重要了？"他说："排队的时候，站我前面的同学老是蹦来蹦去的，我要是跟着他站，后面同学就都站歪了，所以我就不动，后面同学都跟我站得可齐了。""好样的！"我马上鼓励道，"我的大宝贝最重要了，我就说你们班队伍怎么那么整齐呢？"听了我的表扬，振宇高兴得踢起了正步。

还有一次，振宇写了一篇东西，犹豫不决地拿给我说："妈妈，我想竞选我们班的体育委员，这是我写的竞选词，不知道行不行？"我接过来一看，写得挺好的，尤其是还提到了自己打乒乓球、跳绳、踢毽子的实力强，为班级获得过荣誉。我赞许道："我相信你的热情和实力一定能打动大家！"振宇眼睛一亮，问道："真的吗？""当然是真的！"我坚定地回答并与他击掌。

这篇竞选词最终帮助振宇高票当选体育委员，事后他若有所思地对我说："其实在我说竞选词之前，同学们已经选我了。"当上体育委员的振宇报名参加了学校田径队，从此，他让爸爸每天早早送他上学，参加田径队训练，他说："我要在体育方面表现更好，成为同学的榜样。"

培养自信讲究方法

心理学研究表明，影响孩子自信水平的因素有两个：一是内部因素，一是外部因素。

内部因素取决于孩子自身的实力，外部因素取决于周围人对孩子的评价与态度。很多家长愿意把自信归于内部因素，即通过提高孩子自身的能力与实力来增加其自信，而忽略了家长自身的作用。其实为孩子营造正向评价与积极回应的良好氛围，更有助于孩子提高能力，建立自信。

生活中有这样一种现象：有些家长一看到孩子有"退缩""胆怯"等表现，就断定孩子"不够自信"，然后不惜一切代价、不择手段来"培养"孩子的"自信"。轻一点儿的是喋喋不休地说教，狠一点儿的是花样百出的挫折教育，更严重的是严厉批评指责。

殊不知，每个孩子都有自己的节奏，"自信"其实也是

“个性化”的。不少家长将“内向”“说话声音不够大”等也归之为“不自信”，然后早早地送孩子上“领导力”“演说家”之类的培训班，这恐怕是对自信的误读了。

给家长的建议

家长在帮助孩子建立自信时应该注意什么呢？我认为应考虑以下两点。

1.切勿用成人标准要求孩子。自信遵循的是内在标准，是一种内在的自我认同。家长应关注与尊重孩子的真实“本我”和“内在状态”，切不可拔苗助长，不要将成人或社会化标准强加给孩子，造成不必要的伤害。

2.根据孩子的成熟度善加引导，不必硬性规定。孩子就像一颗种子，有其特有的生命节奏。当积蓄足够的生命能量时，种子就会破土而出，抽枝发芽。在孩子不自信时，家长只需相信他，并耐心等待就好。当孩子有了较好的自我认知，不用大人说教，他自己就会找到建立自信的办法。

换个角度看，适度的“不自信”其实也有为人谦卑、不断上进等正面意义，而人工催生出的“自信”也有不少副作用。

“我做到了！”

——记成功日记是培养孩子自信的法宝

自信是孩子生命成长的内在源动力。自信的孩子就像五大连池的火山杨，即使生长在怪石嶙峋的火山岩地上，也会不畏困难，顽强地向上生长，长出昂扬的生命姿态。在孩子幼小的时候，父母的当务之急，不是让孩子学会认多少个字，背多少首诗，做多少道题，而是帮助孩子树立起强大的自信。

▶ 记成功日记

在这里，我分享一个培养孩子自信的好方法——记录成功日记。

振宇小的时候，我给他买了一个非常可爱的日记本，封面有他最喜欢的小熊维尼和小猪皮杰，做工精美，他非常喜欢。我们给日记本起名叫“我的成功日记”，里面记录了振宇每一天的成长与进步：

“今天我成为苗苗预备队员，戴上了绿领巾。”

“今天对练乒乓球，我坚持做完了200个正手挥拍和反手挥拍。”

“今天我跳绳最高纪录是连跳了84下。”

“今天我一口气喝了半碗中药。”

“今天我为妈妈编导的电视节目《欢乐星期五》想出了好点子，被妈妈聘请为《小天鹅》（黑龙江电视台一档少儿节目）儿童顾问，参与一期节目得稿酬50元，被采纳一条意见得20元。这是我的第一份工作，耶！”

振宇的每一次小小进步、每一个闪光点，在他不会写字的时候，我都让他口述，帮他及时记录下来；上了小学，我就让他自己用拼音或文字来记录。

每到周末，我们就翻出来，大声地朗读这一周的日记，然后我对他大大地赞扬一番，给他一个大大的拥抱、一个响亮的吻。振宇每次都美美的，得意极了。

时间久了，他的自信心越来越足。记得他当时最爱唱的歌就是《飞得更高》，经常在得意的时候高声唱道：“我要飞得更高……”那一刻，小小年纪的他显得豪情万丈、壮志满怀。

振宇六七岁的时候，在成功日记里写下“我的十大梦想”：

“我要成为世界上最优秀的乒乓球运动员，请世界上最好的老师指导。”

“周游世界，把最美的风景画下来。”

“有一盏漂亮的自动台灯，一走近它就亮。”

“家中养各种宠物，养小狗钱钱、小猪皮杰等。”

“有自己的别墅，春天可以打羽毛球，夏天游泳，秋天打高尔夫球，冬天滑雪。”

……

几年以后，我惊喜地发现，成功日记里的梦想，正在一件件地实现。比如，随着他乒乓球水平的提高，我们给他请来一位世界亚军做他的教练，教练说凭这孩子的天赋可以往专业运动员方向发展；我们还带振宇游览名山大川，他边走边画，留下很多风景画作品；家里养了小猫和小狗，振宇和它们成了好朋友，一起玩耍，其乐融融……

心理学研究表明，一个人善于发现事物的积极一面，久而久之会形成一种能量场，能量场足够强大之后，还会吸引越来越多的积极能量汇聚。

如果家长有意识地将注意的焦点汇聚到孩子的成功上面，就会给孩子带来越来越多的自信。积水成渊，积土成山，久而久之，信心的累积会促成质的飞跃。

给家长的建议

记成功日记是简便有效的增强孩子自信心的方法，实施起来要注意以下两点。

1.**家长发挥带动作用**。教育学家研究发现，一个习惯的养成，最少需要三周时间，因而家长要注意一开始带着孩子来做，坚持三周以后，可以渐渐放手，让孩子独立完成，家长只需在一旁鼓励与赞美就好了。

2.**切忌“先热后冷”**。孩子对一件事物的喜爱是有保鲜期的，当孩子记了几天日记表现出兴趣减弱时，家长要及时通过奖励或积分换礼物等方式，再度点燃孩子热情，直至形成自觉的习惯。

把躲在桌下的内向孩子拉出来

——在细节处做有心人，可帮孩子增强自信心

美国心理学家曾进行过一项历时几十年的研究，他们对具有高智商的学生进行长期跟踪调查后发现，这些智力、成绩相似的学生在几十年后取得的成就相差很大。

究其原因，不是因为智力的差异，而是人格特质方面的不同，而人格特质中最重要的一个要素就是自信。

众所周知，当下普遍受欢迎的创造型人才的重要特征，就是不怕失败，不迷信权威，有强烈的自信心。那么，如何把自己的孩子培养成这样的人才呢？我认为，家长们需要在以下3个方面做有心人。

▶ 给孩子足够的安全感

心理学研究发现，一个缺少安全感的孩子，一生都在寻找安全感；而一个安全感充足的孩子，可以心无旁骛地专注于所做的事情，并能够大胆尝试、勇于探索，与人交往时会更加积

极主动，人际关系也会更加融洽和谐。

振宇小时候很内向，也很胆小。我注意到，他总爱躲在家里的书桌下面。一开始我以为是在跟我藏猫猫呢，可是经我认真分析感觉不对，因为每次我们都没有事先约定藏猫猫，而且每次拉他出来时都感觉他不开心。

后来，通过观察和了解，我才恍然大悟——他是以藏在桌下的方式来掩饰自己的紧张感。比如，当考试成绩不好了，他会担心老师告诉家长；当不小心把家里值钱的东西碰坏了，他会怕我们不高兴。

我意识到，这是一种极其不自信的表现，任其发展不加制止是很危险的。于是我找他像朋友一样谈心，告诉他："妈妈是你坚强的后盾，有心事找妈妈，但不能再躲在桌子下面了，那不是男子汉所为。""行！"有了我的理解和支持，振宇从此遇事不再逃避，而如今长大的他总会跟我和他爸说："你们有啥难事，别闷在心里，跟我说，我帮你们排解。"

没有安全感会大大影响孩子的自信心，所以家长应在孩子很小的时候通过高质量陪伴给他带来足够的安全感。孩子往往是在一次次尝试与探索中来确认自己是否安全，家长只有营造爱的能量充足的环境，充分满足孩子的需求时，孩子才会情绪愉快而稳定，全身心投入对外部世界的探索与创造中去。

▶ 发现孩子的闪光点

每个孩子都有不同的个性，有的急，有的慢，聪明的家长会针对孩子的个性因势利导。比如，对于急性子的孩子，教他如何高效地利用时间，完成任务；对于慢性子的孩子，则教他如何增加做事的条理性，考虑周详。

举个例子，同样教孩子做饭，对于急性子的孩子，你可以教他怎么在最短的时间统筹好各道工序，可以一边煮饭一边切菜等；而对于慢性子的孩子，就要教他做饭需要哪几道工序，每道工序需要做哪些准备。

有一位老师，她的班上有一个差生，一次考试时十道题他只做对了一道，她把这个孩子请到讲台前分享解题思路，并表扬了他，全班同学给了他热烈的掌声。这个孩子受到鼓励，愈发认真钻研，成绩提高很快。孩子就像一面镜子，当你看到了他积极的一面，表扬他、鼓励他，他就会展现出最好的一面来回应你。

在《窗边的小豆豆》一书中，小林校长为患有侏儒症的男孩高桥君在运动会上专门开设了一个运动项目——爬楼梯比赛，每一个台阶非常低，运动员只能一节一节上台阶，结果高桥君将个子高的同学远远地落在后面，获得了冠军。这次成功激发了高桥君的自信，他变得开朗阳光，也渐渐找到了目标与方向，后来成为日本一家电器公司的人力资源专员。

▶ 在细节上保护孩子的自尊

孩子的心灵就像禾苗一样，幼小而敏感，需要和风细雨、小心呵护。在细节上家长应注意以下几点。

1.尽量不要在众人面前批评、责骂和嘲讽孩子，尤其不要在孩子在乎的人面前做这样的事情。

2.给孩子属于自己的时间与空间，进孩子房间前要敲门，孩子学习时不要打扰。

3.及时细心地回答孩子提出的问题，不敷衍、不搪塞孩子。

4.尊重孩子，给孩子选择的权利，当你离开时要告诉孩子。

当你重视孩子的感受，他才会在你的关注中，学会尊重自己，进而意识到自我存在的价值感，拥有自我意识。自我意识被唤醒的孩子会开始尝试自我探索，寻找与自己内在最深的连接，并且在探索中慢慢找到自我，相信自己，最终获得强大的自信心。

“不用安慰我！”
——支持孩子通过自我疗伤走出失败阴影

孩子的成长不可能一帆风顺，当孩子遭遇挫折和失败时，家长的指责与训斥很可能会摧毁孩子的自信。这个时候，孩子非常需要家长的鼓励与信任，家长一定要相信孩子能够通过自我疗伤走出失败与挫折的低谷，也要学会耐心地等待，控制住自己想要帮忙的冲动，把自我修复的机会留给孩子。有时候，不做比做更难，也更有意义。

▶ 培养孩子的复原力

小学四年级时，振宇迷上了台球，经常到院里的台球室与大人们过招。一次，他跟我先生单位的领导打球，对方技艺高超，娴熟地将球一个个地打进洞，只剩下最后一个球——“黑八”。而振宇一球未进。可这小子毫不气馁，竟然对那位领导说：“小心！我要发挥多球的优势了！”逗得围观的人哈哈大笑，都说这孩子心态真好。凭着这股不服输的劲头，他的台球技术突飞猛进，与高手比赛也时有胜出。

家长不可能陪孩子一辈子，更不可能帮孩子一辈子。因此家长应该训练孩子不惧怕失败和自我疗伤的能力，这种能力就是心理学所说的“复原力”，只有靠自己才能真正建立，它是保障孩子百折不挠、恢复心理健康的最“硬核”能力。

▶ 在挫折中成长

振宇去英国上学后，首次参加英国奥数国家队选拔赛，在第三轮考试后折戟沉沙，我本想安慰他，可没等我开口，他就制止我说：“不用安慰我！”此后，他虽然还来电话问候我们，但激情明显减弱了，当我们问起关于数学的下一步打算时，他就说：“我有点儿厌倦了，不要再提数学了。”曾经对数学充满激情、渴望在异国取得佳绩的小男孩，如今却像一只受伤的小狗独自默默地舔舐着伤口。我非常心疼，可是我知道，孩子大了，他更需要的是自我疗伤，而不是家长的慰藉，我能做的就是默默陪伴和耐心等待。

第二年，振宇又报名参赛了，这次他简直像换了个人，狂放不羁的他变得谦虚低调，虽然已经通过了前两轮选拔，但跟我们谈起此事时仍是轻描淡写。他说他要调整好心态，打破过不了第三轮的魔咒。

我至今记忆犹新：2014年大年初一的凌晨1点左右，儿子打来电话，声音有些颤抖："妈，我考过第三轮了！"天哪，真是天大的喜讯！接着，儿子又说："妈，你知道吗？赛前我花了多大的力气才把心态调整好。"是啊，这一次他战胜的不是英国的一个个天才对手，而是他自己！

几天后，振宇又打来电话，以激昂的声音向我们报告进入英国奥数国家队的喜讯，然后非常冷静地说："妈，这几天我都快疯掉了，一开始的20人集训名单里没有我，老师比我还急，认为凭我的成绩不应该不进，他找到组委会据理力争，最后我成了第21个入选者。"当我表达了祝贺并想告诉儿子珍惜这次机会时，他打住了我的话头说："妈，你不用告诉我接下来怎么做，就把我当作成年人吧。"

可在决定能否成为英国奥数国家队正选选手的比赛中，振宇名列第7，无缘6人正选名单，成为第一替补选手。这是个令人倍感遗憾的结局，我知道振宇为此付出了多大的努力并抱有多大的期望。当我结结巴巴想要安慰他却又不知从何谈起时，振宇平静地说："这个结果也不坏啊，一是我可以放暑假早点儿回家了，我的那些同学都在盼着我呢；二是以我现在的实力，即便入选也难以取得好成绩，不如再沉淀一下。"

第三年，振宇终于以绝对实力成为英国奥数国家队的领军者，又被剑桥大学数学系录取。

这些成绩在我看来是水到渠成的，没有给我带来太大喜悦，而真正让我感到欣慰的是，经历过这么多磨难，振宇变得成熟稳重了，也变得更加自信了，这比成绩本身更有价值。因为在我看来，成绩只是一时的，而自信心会伴随他一生，帮助他跨越一个又一个急流险滩。

给家长的建议

我的朋友接触过振宇后，都会由衷地对我说，振宇给人的感觉总是自信满满、胸有成竹，他的心态为什么这么好呢？这也是我常常思索的问题。对此我有三点经验跟家长们分享。

1.**相信孩子能够接受失败打击**。一些家长在孩子受挫时自己就先慌乱了，问长问短，啰里啰唆，反而给孩子伤口上撒盐。要给孩子沉淀和反思的时间，耐心等待孩子心里的创伤复原。

2.**在孩子受挫时转移他的注意力**。家长在孩子受挫时要学会转移话题，带孩子离开受挫的环境，有条件的可以带孩子离开伤心地去旅游度假，暂时转移孩子的注意力。

3.**帮孩子在不利环境中发现有利因素**。失败是成功之母，但有时失败也是另一种意义上的成功，家长要帮助孩子客观分析评判，找出失败中的积极因素，帮助孩子重拾信心。

第　九　章

逆商高的孩子，会在挫折与失败中完美逆袭

机场维权的高中生

——摆脱世俗成功观念，培养内心足够强大的孩子

在孩子的成长过程中，什么品质最重要？

这是许多家长关心的一个问题。我最敬重的一位心理学家说过，逆商是一个人生命中最重要的品质，它决定一个人的生命质量与生命状态。

逆商，简单地讲就是抗挫折能力。人人向往成功，然而挫折却无处不在。因挫折一蹶不振甚至放弃生命的悲剧屡见报端：一个名校毕业的女学生入职后，因被老板严厉批评，承受不了心理压力，跳楼自杀；一名家长盛怒之下把正在玩游戏的儿子的手机夺下来抛出窗外，他的儿子随即也纵身跳了出去。

可见，培养一个输得起的高逆商的孩子，比培养一个学业成功的孩子更重要。

未来人才的竞争，不仅是能力、知识和财富上的竞争，也是心理韧性、意志力的竞争。一个逆商低、缺乏强大心理韧性、抗挫折力与意志力差的人，即便拥有再多的财富与资源、

再高的学识与技艺，也很难在现实生活中获得安全感与幸福感，他的人生之路注定荆棘密布，险象环生。

▶ 不向困难和问题低头

值得欣慰的是，振宇拥有超强的逆商。他的超强逆商不仅表现在数学竞赛中的屡败屡战、愈挫愈勇上，还表现在生活中决不向困难和问题低头上。

有一次放假，振宇乘飞机从伦敦飞北京经停巴黎，由于从伦敦起飞时飞机延误，落地巴黎戴高乐机场，可是要转乘的飞机已经飞走，他和同机的许多中国人被通知要等待下一班飞机，而且需要候机四五个小时，之后就没有人管他们了。其他人都忍气吞声，只有16岁的振宇站出来，同机场工作人员理论，并找来相关负责人提出必须解决他们的吃饭和睡觉问题。振宇的据理力争居然奏效了，机场工作人员给他们提供了食物和休息场所，并且特意给振宇安排了条件更好的休息室。同行的中国人都向他表示感谢，并问他在哪里工作，振宇没有作答，他怕说了自己高中还没毕业会令大家尴尬。

心理学研究表明，逆商高的人具有三种特征与能力，即接受并战胜恐惧的能力（和解）、在苦难中寻找生活真谛的能力（突破）、在逆境中想出解决办法的能力（超越）。

面对逆境，逆商高的人使用和解、突围与超越这三种能力，借力打力，以柔克刚，以其蓬勃的生命力与乐观精神，与困难斗智斗勇，成为逆境中的赢家。他们不仅没有被逆境压垮，反而让挫折与苦难成为自己人生的宝贵财富。

给家长的建议

作为家长，如何培养孩子的高逆商？有三点值得注意。

1.**勿让孩子的世界里只有学习**。如果一个孩子的世界里只有学习，他就很难有多余的意志力来应对学业以外的挫折，在面对挫折时常常会不堪一击。

2.**接纳孩子的失败**。当孩子知道你关心他的内心感受胜过关心他的成绩时，他会获得心理与情感上的满足。这种良好的情绪与情感体验，能为他注入心理能量，增强他的心理韧性。

3.**多关心孩子的情绪变化**。当孩子的情绪低落或失控时，说明压力已经超出了他的意志力所能承受的极限，这时家长就应该为孩子减压了。比如，让孩子听听音乐、看看电影、出去打打篮球、散散步等，放松紧绷的脑神经。适时适度地调节情绪状态，才能够有效地培养孩子的抗挫折能力。

百输成精
——把孩子训练成“超人”的3个方法

逆商高的人就好比一栋由高标号钢筋支撑起来的大楼，可以抵抗12级的地震；而逆商低的人就好比用低标号钢筋建的大楼，遇到5级地震就塌了。一个人的逆商决定了其在逆境中的生存质量。

逆商这么重要，该如何培养呢？以我的经验来看，体育锻炼是培养孩子逆商的一种绝佳方式和途径，而体育锻炼必须做到以下三点才有效果。

▶ 进行高强度的密集训练

逆商高是要靠实力说话的，并非空口无凭的狂妄自大，而实力是靠千锤百炼得来的。

美国男子职业篮球联赛（NBA）水平远远高于其他国家篮球联赛，是因为NBA队员的训练强度是非常高的。据了解，NBA球员平均每天的训练时间超过7小时，其中球员每天全场对抗训练时间长度为3个半小时。已故著名球星科比·布莱恩特自我训练特别刻苦，每天早上天不亮就在球场训练。他的那句"你们谁见过洛杉矶早上4点钟的样子？"打动了无数球迷。篮球之神乔丹有一个经典镜头让一代又一代球迷动容，那就是他在一次冠军生死战中发着高烧打满全场，当终场哨音响起后，他由队友皮蓬搀扶着走下球场。

可见，实力是逆商的最好保证，与其搞没事找事型的"挫折教育"，不如扎扎实实提高孩子某方面的实力。

振宇上小学五年级后对篮球特别着迷，一有时间就到院里的球场上投篮，即使到了冬天，球场上铺了厚厚的雪，他还会一遍遍地练投篮。

他在同学当中篮球水平相当出众，我亲眼看到一场球赛中他们队的进球几乎都是振宇投进的。信心爆棚的他对我们说出了那句可谓石破天惊的话："我将来要去NBA打球！我要当第二个纳什！"可是，他那点儿球技一跟成人比赛就露怯了，输球的他总是耷拉着脑袋。他爸见状对他说："你不是想当纳什吗？纳什娴熟的运球技巧可不是随随便便得来的，得靠刻苦训练和艰苦比赛才能拥有，一输球就灰心丧气，那你永远去不了NBA。"一番话激励了振宇，他从此练球更加努力，与大人打球也是愈挫愈勇。

有一次，我看到他跟他爸爸的球友们一起打球，他不畏1.9

米大个子的封堵把球投入篮筐。那一刻，我幸福极了，挥起拳头为他欢呼。

▶ 保持不间断的训练

持之以恒的体育锻炼可以磨炼孩子的意志力，增强其心理韧性。孩子一旦喜欢上某个体育项目后，就要让他尽可能地坚持，不要轻言放弃。其实能不能搞出名堂是次要的，主要是借不间断的训练来培养孩子的高逆商。

拿体育锻炼来说，大多数孩子不会一个项目玩一辈子，他们的兴趣会变，但要保证每个阶段都有他喜欢的项目，这样坚持下去孩子就会训练出坚韧品质。

振宇从幼儿园大班到小学三年级参加乒乓球训练，小学四年级时打了一年台球，小学五年级到初中毕业时打篮球，高中时踢足球，大学时练击剑，毕业三年坚持健身。在2020年底，他突然向我们宣布他要恢复他的击剑项目了。虽然这些年里他的运动项目不停地变化，但不变的是他对体育的热爱与坚守。

孩子参加体育锻炼能不能坚持，取决于他喜不喜欢，所以，家长在帮助孩子选择体育类兴趣班时，一定要慎之又慎，要和孩子一起充分地考察、评估：这个兴趣班是不是孩子最想学的？孩子能否坚持下来？最好先试学一段时间再做决定。

▶ 参与竞争激烈的对抗训练

建议家长多让孩子参与高强度的对抗训练，在对抗中体会输赢的滋味，磨炼意志力与坚韧性。

振宇6岁时，我们为他报了国际象棋班，每次上课都有比赛，有时还安排车轮大战，即一个人同时与五个人对弈。

比赛多了，输棋在所难免。经历了无数次失败与挫折之后，振宇不再像刚开始时输了棋就要哭鼻子，反而练出了不服输的劲头。后来到英国留学时，振宇参加了不计其数的奥数、物理、化学等竞赛，多数情况下都能发挥出应有的水平，有时甚至超水平发挥。这与他从小参加大量竞技类训练与比赛，磨炼了坚强意志力密不可分。

用实力说话

——用归属感、自主感和成就感唤醒孩子的小宇宙

当孩子内在的生命意识被唤醒，他的生命潜能就被激发出来，他会迸发出巨大的生命能量，产生不竭的动力。心理学研究发现，一个人的归属感、自主感和成就感是产生内在动力的三个基本心理需求，这三个方面得到了满足，孩子做事情的内驱力就会产生，抗挫折能力自然会大大提高。

那么，如何让孩子产生内驱力呢？

▶ 让孩子获得自主感

孩子是成熟的生命个体，而非成熟的大人。与孩子有关的事情应该由孩子自己做决定，自己来完成，家长要把选择权还给孩子。比如孩子学钢琴，妈妈可以在旁边帮他录像，让他对自己的表现做出评价，制订改进计划。当孩子拥有自我决策与自我掌控的权利时，他的内在能量通道就打通了。

振宇从上幼儿园起，我们就让他自己来选择兴趣班。每次

他在做决定前都要经过很长时间的观察与思考，最后确定自己真心喜欢的兴趣班时才向我们提起。虽然入班时间总是比同龄孩子晚一些，但是实践证明他的选择都很符合他的“口味”，他也因此能够持之以恒，并且乐在其中。

比如振宇对乒乓球的热爱就缘于他在上幼儿园中班时的一个发现。他注意到，每当午睡时，班上就有几个小朋友不用睡觉，而是去体育室学打乒乓球。看到他们兴高采烈、有说有笑的样子，振宇羡慕不已。他还注意到，这几个小朋友由于每天两小时的乒乓球训练，身体特别结实，跑跳能力明显比自己强。虽然振宇自创了“拳头捶打腿部”的锻炼方法，每天坐在椅子上偷偷地强身健体，但是身体的力量和灵活性和他们比还是差不少。于是，在观察一个多月之后，振宇终于向我们提出，他要报乒乓球兴趣班。

后来，振宇又向我们提出参加学校田径队的想法，因为这都是他自己决定的，所以他学起来格外认真，从来不需要我们督促与看管。他的这些兴趣全面提升了身体的综合素质。

在振宇赴英国留学的头一年，我看到他发来的照片上的欧美同学都长得很高大，就跟他开玩笑说：“这下你在体育上没有优势了吧？”“那不见得！”振宇坚定地回答。后来他打电话告诉我一个惊人的喜讯——他在全校运动会上获得了四项全能（200米跑、400米跑、跳高、跳远）第二名。“我的那些老外同学现在看我都像看外星人似的，觉得不可思议！”振宇笑着跟我说。

▶ 让孩子获得归属感

当孩子做一件事情的时候，无论成功与否，如果他都能够感受到来自父母无条件的爱、尊重与接纳的话，那他就会充分地获得归属感与安全感。而孩子一旦拥有足够的归属感与安全感，做起事情来也会非常专注与高效。

父母是孩子成长中的精神支柱与力量之源。当孩子说出他的梦想时，父母一定要为他加油鼓劲。如果孩子告诉你：“妈妈，长大了我想登月球。”你可以回答：“孩子，你真棒，我为你的梦想骄傲！不过你要记得回来啊，妈妈可还在地球上呢。”千万不要说：“你咋不上天呢？快给我写作业去！”

了解孩子的梦想与目标后，聪明的家长会想办法助孩子一臂之力，找到具体可行的办法协助他实现梦想，比如，当孩子说想登上月球，家长可以找到《登月第一人》的电影，和孩子一起看，看完之后和孩子探讨登月需要做哪些准备，如何成为一名宇航员。

此外，家长可以协助孩子制订体育锻炼计划，找来航空航天方面的科普书籍，供孩子了解与学习。双休日还可以带孩子去天文馆或航天博物馆参观，如果没有条件，就在网上观看数字展览，浏览相关信息等。

▶ 让孩子获得成就感

家长可以把大任务分解成若干个小目标，让孩子努力来完成，进而获得成就感。这种成就感可给孩子带来自信心，成为他获得心理能量、探索未知、迎接挑战的动力源泉。

教育心理学中有个“脚手架原理”，即给孩子树立学习目标如同盖楼时搭建脚手架，不能太低，也不能太高。这样，孩子通过努力，跳跳脚就能够着，从而获得成就感，久而久之，孩子会获得自信心与积极的学习态度。

振宇7岁时，我每天早上带他练习跳高。刚开始时，我把皮筋放置在脚脖的高度，然后提高到小腿腿肚的位置，接着又提高到我的膝盖位置，他都轻松过关。当皮筋升到我腰部位置时，振宇几次都没跃过去，便有点儿泄气。于是，我把高度降到了膝盖上面10厘米，他铆足了劲儿，一下子跳了过去。“哇，太棒了！”我赶紧鼓励他，之后又把皮筋提高了5厘米。他再次成功地跳了过去。就这样，我一点点增加高度，最后皮筋调到他之前失利的位置，在练习几次之后，他终于成功地跃过。

脚手架原理的意义不在于让孩子达到什么目标，而是通过制订符合孩子实际水平的任务目标，让孩子及时获得稳稳的成就感，在成功的愉快体验中获得自信心与积极状态。

翻看振宇的童年相册，几乎每张照片上他都是笑容灿烂。见过他的人都说他是阳光男孩，只有我知道，那是他在生活中品尝到成功的喜悦与真正的乐趣之后发自内心的快乐。

治治孩子的自负

——把孩子打造成逆商“圣斗士”

自负是一种对自身实力过高估计而产生的傲慢情绪，这种情绪控制不好极易招致失败和挫折，所谓“满招损”说的就是这个亘古不变的道理。

为了治好孩子自负的毛病，家长可以耐心等待孩子如同肥皂泡般的自负情绪被现实戳破，这对培养孩子的抗挫折能力是有好处的，这往往要比家长的规劝和阻止更有效。

▶ 让现实去教育孩子的自负

振宇是个好胜心极强的孩子，当他一帆风顺、高歌猛进的时候，他的好胜心经常会转化为自负，不把别人放在眼里，或产生不切实际的想法。数学学习上的进步就曾给他带来过这种不良情绪，他在李老师的数学班上过一年之后，觉得自己水平很高了，就提出要调到高一个年级的数学班上去。

为此，我征求李老师的意见，李老师说：“我早看出来这小子有点儿骄傲了，客观地说，他现在的实力还没有强到跳级的程度，基础没有那么牢固，但阻止他会挫伤他学奥数的高涨热情，也不利。我的意见是同意他的想法，保护他的热情，让现实去教育他。自负迟早会让他摔跟头，从长远看，这也是他必须摔的跟头，只有疼到心里去，他才会真正改掉坏毛病。”

我知道李老师比我更懂教育，也更懂孩子的心理，我们相信他的意见。于是我们答应振宇的要求，同意他在李老师的学校跳了级。

后来振宇又觉得数学班上教的内容太简单，决定不去上课，在家自学。李老师也同意了，但似乎有些不放心，在聚会的时候或在电话中给他讲题的时候，会故意为难他一下，我知道李老师这样做的目的是打压一下他的“嚣张”气焰，不过，当时管点儿用，过后他又开始飘飘然。

留学后，振宇经常跟我说同学数学不好，并表示他要在英国奥数国家队选拔赛中“过关斩将”，成为其中一员。结果在选拔赛中头两轮顺风顺水，第三轮却“翻船”了，真应了那句话——飘得有多高，摔得就有多重。我感觉这次失利让振宇有了无颜见江东父老之念，他减少了与我们通电话的频率，通电话时只要一谈及比赛就马上敷衍并撂了电话。

一开始，我真担心振宇被失败击倒，从此一蹶不振。在长达一年的忐忑等待后，他在第二次选拔赛中终于打破魔咒，顺利通过第三轮。振宇在第一时间向家人报了喜，他如释重负和战胜自我的愉悦之情溢于言表。我刚想劝他要戒骄戒躁，他像猜透我心思似的对我说："妈，你不用告诉我下一步怎么做，你就把我当成年人对待吧。"

现实生活治好了振宇心高气傲的毛病，更磨炼出他极强的抗摔打能力。这是我颇感欣慰的，因为我知道，能跨过这道心理关卡，对一个孩子的意义不啻于鲤鱼跳龙门，从此他的人生将进入更高远、更开阔的领域。

给家长的建议

1.**允许孩子在一定阶段有骄傲的小情绪**。某种意义上，这也是孩子在自己特长项目上表现出的高度热情和自信，自信与自负有时是交织在一起的，不妨让孩子这种态度先持续一段时间，过急过早地批评孩子骄傲自满反而容易浇灭孩子干事儿的热情。

2.**孩子因碰壁而调整心态的效果，远大于家长的规劝和提醒**。很多道理不是你告诉了孩子，孩子就心领神会了，所谓"不撞南墙不回头"，家长要允许孩子"撞撞南墙"，体验一下"疼"的感觉。只有当孩子碰壁甚至是撞得头破血流之后，他才有可能意识到问题所在，才有可能恍然大悟，而真正开始寻求改变。这就要求家长有时要"狠"下心来，"放任"孩子摔摔跟头，让孩子体会挫折。

第　十　章

早放手，早独立

心理成熟才算长大

——让孩子成为内心强大的“巨人”

一次讲座后，有位妈妈向我倾诉：“女儿今年35岁，高学历、高收入，人也聪明漂亮，就是不谈恋爱，每次给她介绍男朋友，她都说没感觉。”

经过询问我才知道，原来母女俩感情特别好，形同闺密，女儿什么话都跟妈妈说，觉得跟妈妈在一起特别安全、舒服。她不止一次对妈妈说：“我不需要找男朋友，我和你一起生活就很好啊！”

妈妈过度的照顾让女儿产生严重的心理依赖，女儿虽然外在光鲜，却没有完成心理上的独立与成熟，35岁仍是“妈宝女”。

无独有偶，我有一个中学女同学，她的儿子上高中时学习成绩特别好，可是她怕儿子照顾不好自己，逼着孩子报考了家所在城市的一所大学。上大学后，这孩子不住集体宿舍，每天下了课就往家跑，妈妈把他照顾得无微不至，甚至有时洗澡还帮他搓背。

这类“妈宝女”“妈宝男”对于自己的婚恋、生活以及未来规划缺乏理性认知与担当，他们像一个生活在巨大襁褓里的“巨婴”，没有剪断与父母的情感或精神的脐带，他们在心理上不成熟，更谈不上人格的独立。

“巨婴”现象在当今社会屡见不鲜，常见的“啃老族”“单细胞生物”“奶嘴一族”等，都是家庭教育与社会教育错位与缺失的产物。究其原因，与家庭教育中父母对孩子独立意识培养的缺失有着必然联系。

在家庭教育中，很多家长忽视对孩子独立意识的培养，本来是该孩子自己干的事，家长却冲在前面，替孩子代劳。

这种现象表面上看是家长对孩子“很关心”，实际上却是家长对孩子的“不信任”，其潜台词是“你做不好”或“我不能接受你做不好”。

我的一个女友是非常睿智的妈妈。她在儿子阿明很小的时候，就教他做家务。每次包饺子，阿明就在一旁学着擀饺子皮儿、摆饺子。在阿明上小学四年级时，为了培养阿明的理财能力，妈妈把家里的生活费交给阿明来管理，家里的柴米油盐都由阿明来安排采买，并达成协议，如果有节余就作为阿明的奖励。结果，阿明不仅把家里的生活打理得井井有条，还精打细算有了很多节余。阿明把节余的钱给妈妈买了三八节礼物，还给自己买了心爱的书。

18岁时，阿明考上了世界名校，爸爸妈妈又再次与他商量，由他自己赚钱支付学费与生活费。大一假期，阿明给一家公司做市场销售，同时，业余时间在网上授课；大二假期，阿明到一所英语培训学校做兼职老师，他意识到教育市场前景可观，于是和几个同事合开了一家教育公司。他边读大学边管理自己的公司，不仅能够支付自己的学费和生活费，每年还有近百万元的收入节余。

要求阿明自己赚钱支付学费和生活费，父母看似冷酷无情的举动其实蕴含深意。阿明从小到大都能独立做事，生活自理，有财商，具备了独立赚钱的能力。基于对孩子的了解，他们才做了这个大胆决定。即使孩子失败了也不怕，作为跨国公司高管的父母也兜得住。可以说，阿明父母异于常人的胆识与魄力造就了阿明超过同龄人的开拓意识与独立创新精神。

只有父母肯放手让孩子去独立闯荡，让孩子经风雨、见世面，孩子才有可能成为顶天立地、内心强大的“巨人”，而不会成为没有剪掉心理脐带的“巨婴”。

给家长的建议

父母该如何培养孩子的独立意识与能力？我认为，家长应提高以下两方面认识。

1.**相信和接纳孩子**。某种意义上，相信孩子，就是相信自己；接纳孩子做得不够好，就是接纳自己的不完美。家长要调整好心态，在与孩子和解之前，先与自己和解，接纳自己的不完美。如此，才能做到真正与孩子和解，无论孩子的好与不好都能接受。

2.**克服恐惧和忧虑心理**。家长不敢让孩子独立，实际上是自己内心深处有对失败的恐惧和对未来的忧虑，这是家长心理不强大和不成熟的表现。家长想让孩子勇敢与强大，首先要过自己心里这道关卡，用积极的心态看待失败与不确定的未来，努力超越自我局限，越早放手，才越有可能把孩子培养成内心强大的“巨人”。

“别烦我！”
——敢于做个“懒妈妈”，比孩子慢半拍

一位心理学老师说的一句话深深影响了我：“只有当妈妈‘躺’下来的时候，孩子才会‘站’起来。”

是的，聪明的妈妈要学会做一个“懒”妈妈。该由孩子做的事情，一定要由孩子自己来完成，妈妈不代替、不越位，妈妈所有的行为都要比孩子慢半拍。这样孩子的积极性和主动性就会很快地显露出来。他才会真正地意识到，原来这一切都是我自己的事情，我自己完全可以掌控。只有这样，当孩子进入青春期之后，他才会真正地完成生命的觉醒，拥有独立的人格与自由的生命意志。

在现实生活中，很多孩子不自立，缺少独立意识，是因为家长过多地包办了本应由孩子做的事情，也就是通常说的“越位”。

家长为什么总爱“越位”呢？主要有以下几方面的原因。

1.对孩子独自做事不放心。家长不放心孩子，是因为不能接纳不完美的结果。殊不知，家长的心胸开阔了，孩子才会勇

于探索并不断修正自己错误的认知与行为，才会有实现完美的可能。

2.显示自己不可替代的作用。家长害怕自己不被孩子需要，害怕失去掌控家中全局的心理优势。所以，家长替孩子代劳，有时候不是孩子的需要，而是家长自己的需要。

3.想又快又好地完成任务。很多家长认为，孩子做事情效率太低，还不如自己来做，可以节省时间，所以直接上手。

▶ 巧妙地在孩子面前“偷懒”

在振宇的成长过程中，我有意识地让自己做个“懒”妈妈，把做事的主动权留给孩子。

学龄前，我带他去超市买东西，最后总是让他去结账。

上小学一年级时，他在学校门口买的小陀螺、小卡片很受小区里的小伙伴们欢迎，大家都托他代买，于是每次放学回来，他会把买好的小玩具交给小伙伴们，并退还一些钱，说这是讨价还价给大家省下的钱。

上小学三四年级时，每到周末，振宇经常要去好朋友家里住一晚，我们也乐于满足他和同伴在一起玩耍的需求。振宇在陌生的地方有时候也胆小，比如他在街边看见卖好吃的，不敢过去买，就来央求我，我装作打电话很忙的样子，对他说：“这点小事别烦我，自己去！”

就是在我一次次说“不”的情况下，振宇渐渐不再害怕与人打交道，性格变得越来越开朗，做事情积极主动，充满自信。

给家长的建议

做一个“懒”妈妈，看上去很轻松，其实比做个勤快妈妈更难。管住孩子容易，管住自己很难。在具体实施上应该注意下面这些要领。

1.**能够克制自己的爱与掌控欲**。家长爱孩子是容易做到的，但克服自己过度的爱和过强的掌控欲反而不容易，这是家长的必修课，需要家长转换观念。

2.**学会慢半拍**。家长要关注孩子，但这种关注不是始终要伴其左右，而是要在孩子的后面与他保持一定的距离，这样既给孩子独立做事的空间，又能在孩子求助时及时出手。

3.**把舞台交给孩子**。勇敢面对放手带来的结果，哪怕是失败也要接受，给孩子放飞自我与梦想的自由，并给孩子创造展现自我的平台和机会，不管成败都给予支持和鼓励。

远离“中国式接送”
——把自由还给孩子，把牵挂留给自己

我看过一篇文章，题目叫《中国式接送》，该文描写了中国家长不辞辛苦、风雨无阻地接送孩子上下学的情景，这种“中国式接送”正是中国孩子缺少独立性的一个缩影。

振宇上小学时，我也曾是接送大军中的一员，因而我能够体会到家长们接送孩子的那份辛苦和满足。不过，我在接送的时候就时常问自己：一定要接送吗？我们小时候没有家长接送不也没事吗？现在每当路过学校门口看到人头攒动的情景，我内心的疑问就会更加强烈。

记得我上小学时从家到学校要穿过几条街，那时没有家长接送，都是我独自上下学。我上的初中学校离家较远，我就乘公共汽车上学。在我有关上下学的记忆里，从未有过家长的身影。那个年代的家长都认为这是天经地义的事，没有什么可担忧的。

可是，随着社会发展和时代变迁，家长的各种焦虑变得

越来越强烈。接送孩子上下学已不算什么，一些家长领着孩子学、领着孩子玩，有的孩子比家长都高了，甚至已经上大学了，很多家长仍“陪伴”左右。我一个朋友的孩子临近大学毕业要到我们单位实习，我说让孩子自己过来找我即可，结果朋友开车把孩子送了过来，说：“孩子坐公交车我不放心，反正是一脚油的事儿。”那一刻，我无语了。

中国家长的焦虑

在对待孩子成长的问题上，为何现在的家长不敢放手呢？理由无非是现在都只有一个或两个宝贝孩子，不能冒风险。

这种想法听起来似乎很有道理。可是下面这个故事又让人觉得家长的顾虑值得商榷。

一个十几岁的外国女孩到中国寄宿家庭生活，她对房东家的孩子说，她曾被家长送到原始森林里锻炼野外生存能力，父母没有给准备吃的，她和其他同伴只有靠抓老鼠、喝河水等维持生存。这个女孩还讲，在她家，尽管母亲不上班，但家务活也有她和她兄弟姐妹的份，她们有的负责擦拭汽车和直升机，有的负责打扫房间，有的负责换游泳池的水等。有一次，房东领这个女孩和自己女儿到游艺厅玩，房东的孩子想玩什么就玩什么，硬币用光了就伸手要，而这个美国女孩则是先玩自己最擅长的项目，挣回了好多硬币，然后再玩自己感兴趣的项目，同时还送给房东的孩子一些硬币。

最让我震惊的是外国家长竟然敢把孩子扔到原始森林里面，让他们面临危险甚至可能是死亡的威胁。我猜想，他们一定认为人类社会跟原始森林一样，都需要具备生存能力才能很好地生存，因此锻炼生存能力是未来走向社会的必备条件。而中国家长考虑更多的恐怕是“万一”，就是这个“万一”让我们中国家长包办了孩子的成长。

不要包办孩子的事

我不想包办孩子成长中的每件事，所以一直努力尝试改变。

振宇上的初中是一所民办学校，学校给学生提供免费班车接送。可是，这班车对振宇来说犹如牢笼，让他非常不自在。乘坐了一段时间后，他就提出不乘校车改骑自行车的想法。我们当时所在的城市基本没有自行车道，骑自行车意味着要跟机动车抢路，具有很大的风险。

不过我也非常理解孩子的愿望：学校抓得紧，课间休息时间经常被占用，自由活动少，对于十二三岁的孩子来说犹如被捆住了手脚，他愿意骑自行车上下学的根本原因就是想放学后能在学校打会儿篮球，或去书店买几本书，获得短暂的自由。

是否支持孩子骑自行车上学，表面上是交通工具问题，本质上却是要不要给孩子空间的问题。权衡利弊之后，我们决定支持儿子的选择。

从此，我每天都为他提心吊胆，尤其是孩子上晚自习或打扫卫生回来晚的时候，我都要到大院门口等候。有时候，儿子摔得膝盖上血迹斑斑，让人好不心疼，他自己却跟没事儿人似的，仍不改骑车上下学的初衷。到了冬天，下雪路滑不方便骑车，他爸就开车送他上下学，这是我一年里最感踏实的一段时间。

上到初三，儿子说，他骑车时间一长感觉很累，能不能买辆电动自行车。我们满足了他的心愿。这下他成了全校唯一骑电动车上学的学生。我也看得出来，骑电动车成为他枯燥的初中生活里难得的乐事。

振宇出国留学后好消息频传，一个朋友很是羡慕，但她说坚决不会让自己孩子出国，因为她的孩子只有在她的监控下才能学习。

我问她："那孩子上了大学后，你不在身边了，孩子不学了咋办？"她回答："都考上大学了，进了'保险箱'，还怕啥？"可是，人生有"保险箱"吗？没有得到真正成长的孩子将来或许面临的危险更多。

给家长的建议

回想振宇上初中时独自骑车上下学的经历，我有两点感悟想与家长们分享。

1.**认识风险，也要向前看**。很多家长只看到眼前超“常规”举动可能存在的风险，却看不到把孩子放入温室后未来存在更大的风险。

2.**战胜小风险才能不怕大风险**。人生处处有风险，家长不可能跟在孩子身后保护他一辈子。在有效监护下让孩子尝试做一些有点小风险的事情，有助于锻炼孩子的心理韧性，这样才有可能帮助他在将来抵御更大的风险。

边上学边赚钱

——鼓励孩子参加社会实践活动，提早适应社会

孩子在上学期间参加一些社会实践活动，有助于锻炼独立意识和生存技能，在踏入社会后，他会比缺少这方面经历的孩子更容易适应和融入社会。

▶ 积极支持孩子参加实践活动

在振宇的成长过程中，我都有意识地培养他的独立性，一有合适的机会我就会让他参加社会实践活动。

在他上小学一二年级的时候，我曾邀他参加我所在电视台少儿频道举办的节目，有时做嘉宾小朋友，有时让他参与我们的节目策划，帮助出点子，如果有好点子被采用他还会得到几十元的奖励。当他第一次拿到奖金的时候，他兴奋极了，自豪地说："这是我的第一份工资！"

小学四年级时，振宇主动在学校报名成为儿童公园小火车义务列车员。一到周六，我们就送他到公园，他换上列车员

制服，轮到他值班后，他就精神抖擞、有模有样地晃动小旗，疏导乘客上下车。有时候，他还要特别照顾一下比他还小的小孩，叮嘱对方：“小心，别摔着！”我和他爸在一旁看着他认真工作的样子，不禁笑出声来。

▶ 提早适应社会

上大学的第一个暑假，振宇跟我提出去实习的想法，并说这不是学校要求的，是他想早点儿了解社会。我很欣慰，于是在朋友帮助下，他去了汇丰银行成都分行实习。

那时候，我和我先生在成都工作，我们作为北方人还没适应当地平均三十七八摄氏度的闷热天气，振宇每天却主动穿长袖白衬衫和大皮鞋上下班。我跟他建议换件短袖衬衣，他却说上班得注意形象，不能露胳膊。说实话，这孩子在家里向来不拘小节、邋里邋遢，为此我没少批评他，没想到实习后他竟然对自己要求严格起来，非常绅士。

有一次他下班回来跟我说，他和银行员工在外面做宣传推广，大家认为他有范儿，一致推举他扮演经理，结果扮得还很像，没露出破绽，大家都夸他将来适合当领导。

振宇在大学期间除了利用假期去各大公司实习外，还利用平时的课余时间辅导高中的学弟学妹考剑桥大学，只象征性地收取一点费用。

有一天晚上，儿子来电话兴奋地跟我说："我跟一个家长谈好了，由我单独辅导他们家的小孩，薪酬很可观。这样，我边上学边赚钱，可能比您挣的还多呢！"

言语间儿子流露出自豪之情，这不禁让我回忆起他小时候跟我说过的话来："我将来能跟爸爸妈妈挣一样多的钱就满足了。"我说："你应该超过妈妈和爸爸。"他则说："我看你们过得挺好啊，能像你们现在这样我就知足了。"

我知道振宇当时那样说是缺乏自信的表现，我不奢望他大富大贵，但是我希望他有奋斗进取的精神。没想到，那种奋斗精神和自信状态在他大二的时候就呈现出来，这让我感到十分欣慰。

振宇临近大学毕业时有一次来电话告诉我，一个学生家长愿意给他提供去香港某金融机构实习和工作的机会，他婉拒了，因为他已确定了自己毕业后的计划——回国创业。接着他自信地说："妈，我留学6年花了你们不少钱，今后家里挣钱的事就交给我了！"

每每想起这句话我都会觉得幸福不已。因为在我眼里，这些话体现了他的责任感，他真的长大了。

给家长的建议

从振宇的实习和赚钱经历中，我有几点感悟与家长们分享。

1.通过实习调整和确定工作方向。虽然孩子对自己未来的职业有规划，但是做规划时往往并不了解这个职业的具体情况，通过实习可以提前了解并感受这个职业到底适不适合自己。

振宇就是通过在银行、保险公司、会计师事务所这些单位实习后发现它们都不是自己想要的职业，这才决定放弃之前申请的国际精算师考试，并决定改弦更张做教育，实践证明他的决定是对的。

2.通过社会实践了解社会。一些孩子即便工作了，气质和为人处世方式仍然给人一种学生气，无法适应工作。而社会实践则能帮助孩子培养多方面的能力，帮助孩子在踏入社会后迅速适应。振宇创业时要亲自做租房、招聘、培训、教学、销售等诸多工作，可是他都应付得了，这与他早早就参加社会实践有直接关系。

3.通过赚钱获得成就感和进取心。虽然多数家长在孩子学费和生活费上都“不差钱儿”，但这不等于孩子就可以不做任何努力了。孩子通过从事一些力所能及的工作赚钱，在减轻家长负担的同时获得极大的成就感，这会激励他朝更大的目标奋进。振宇就是通过这些社会实践活动从一个很容易知足的孩子变成雄心勃勃、奋发进取的创业青年的。

第　十　一　章

兴趣才是学习的原动力

当“大玩家”吧

——与孩子兴趣点保持同频共振

在生活中，我们经常会看到，家长为了孩子的学习与孩子斗智斗勇，有时甚至引发“家庭战争”。很多家长跟我抱怨说，现在教育孩子怎么那么难啊！

▶ 与孩子的兴趣点同频共振

孩子为什么越来越不听话了呢？其实，我们可以换个角度来看这个问题。这是因为大人叫他做的事不是他感兴趣的，换句话说，他的兴趣点与大人的关注点没有同频共振。

我们小的时候，当大人的要求与我们的兴趣发生冲突时，听话的我们通常会牺牲自己的兴趣，听从大人安排。可是，现在已经进入信息时代，“00后”“10后”孩子通过接收各种信息，自我意识觉醒得更早，他们对世界有了自己的认知与看法，不再轻易屈服于大人的主观意志。所以，聪明的家长会关注和了解孩子的兴趣点，给予孩子恰如其分的支持与引导，这样做常常能四两拨千斤，孩子轻松，家长更轻松。

我过去的一个同事向我咨询：他儿子上小学一年级，老师向他反映孩子上课不听讲，坐不住，还大声说话，而孩子对此的解释是老师讲课没意思。

这个问题把我同事难住了。我问他，孩子平时最喜欢做什么，他说孩子喜欢玩变形金刚机器人。于是，我建议他送孩子上机器人兴趣班，并承诺如果得到学校老师的表扬可得到奖励。如此坚持了两个月，同事打来电话说，现在他儿子特别喜欢上学，尤其喜欢上数学课，学习和生活状态变得积极多了。

▶ 鼓励孩子做“大玩家”

回顾振宇的成长历程，可以说兴趣是他最好的朋友，伴随着他成长。他从小喜欢游戏和运动，越有挑战性的游戏和运动越能让他兴奋。

比如，他喜欢和小叔叔在大泡沫垫子上摔跤，而且喜欢让我一边录像一边现场解说；他喜欢在家里骑自行车，在狭窄的空间里闪转腾挪、自由穿梭；他还喜欢手脚并用，像蜘蛛侠一样爬到门框上面，经常是“客人来了沙发坐，他在门框上下爬”。

每当振宇找到一种喜欢玩的游戏，他就会全神贯注地投入其中，直至玩得心满意足为止。

我至今记得有一次带振宇和我同事乘火车去度假，在车厢里，我们一起玩扑克牌，振宇不满足只有一种玩法，提出每玩完一把就换一种玩法，这给我们这些大人带来极大挑战，我的同事们直喊“晕”，而振宇却乐此不疲。于是我同事由衷地感慨：“你儿子真是‘大玩家’！”

小时候的振宇脸上总是阳光灿烂、情绪饱满，整个人就像一列上足了发条的玩具小火车。上小学之后，喜欢运动的振宇尝到了体育好的甜头，每次运动会和体育比赛，振宇都会一展身手，跳高、跳远、短跑、长跑……几乎包揽各项比赛第一名。

随着成就感与自信心的增强，他对自己的要求也随之提高，学习也更加积极认真了，尤其是对数学学科简直达到痴迷程度，这也为他后来考入剑桥大学数学系、参加国际数学赛事获奖打下了基础。

从教育心理学角度来说，兴趣是一个人倾向于认识、研究获得某种知识的心理特征，是推动人们求知的一种内在力量。孩子一旦对某一学科有兴趣，就会持续地专心致志地钻研它，使这一学科成为他的优势学科。

给家长的建议

如何激发孩子的兴趣呢？我认为主要有以下三种方法。

1.**给孩子提供容易激发兴趣的事物或环境**。我至今记得，振宇小时候的绘画老师把一只活螃蟹带到课堂上，让小朋友们写生，由于螃蟹乱动，小朋友们追着画，非常有趣，一堂课下来后振宇直呼："画画太有意思了！"

2.**给孩子积极的心理暗示**。振宇那幅"难看"的自画像如果当时被我们批评嘲讽，他很可能在画画的道路上走不远了。所以，家长的积极鼓励与巧妙引导是让孩子在求知路上产生兴趣的第一推动力。

3.**把自主选择权给孩子**。如果家长能够让孩子自主选择所学课程，让他不带有任何压力地学习，则更容易使其对这一课程产生兴趣。

听评书？这样也能学文史知识

——让孩子用自己喜欢的方式获取新知

与填鸭式教育和死记硬背相比，兴趣学习法从表面上看费时多、效率低，但是从长远效果来看，它深入孩子的内心，被孩子完全接纳，一旦记住，终生难忘。所以，有的时候，快就是慢，慢就是快。家长一定要克服浮躁之气，让孩子用自己喜欢的方式来获得新知。

▶ 尊重孩子的兴趣

在美国，博物馆、艺术馆是孩子的第二课堂。很多自然博物馆专门为孩子开设互动体验区，经常会有不同年龄的孩子参与其中。就是在这种自然轻松的状态下，孩子们发现了自然、科学、宇宙的奥秘，也发现了自己的兴趣所在。

2020年，芬兰赫尔辛基教育局下发通知，正式废除小学与中学阶段的课程式教育，转而采取实际场景主题教学，学生可以按照自己的兴趣选择课题。他们每天的作业是到图书馆或网上查找资料，形成自己的观点，完成论文。老师只起引导与辅助作用。

这种以学生为主体的教育模式极大地尊重了孩子的兴趣，调动了孩子的主观能动性，促进了孩子自我意识觉醒和人格独立。

▶ 用喜欢的方式来学习

我一直重视兴趣的引导作用，让兴趣成为振宇最好的老师。我曾在省级电视台做过儿童节目的编导，因为了解孩子的兴趣点与心理需求，所以在与振宇一起做游戏的时候，会根据振宇的兴趣与需求设计规则与环节，振宇每次玩起来也总是兴致勃勃。

每当振宇学累了，我就和他模仿动画片《小熊维尼》布置森林音乐会的场景，邀请小熊维尼、小猪皮杰、跳跳虎等毛绒玩具参加，跟着《匈牙利进行曲》的音乐，我俩敲打三角铁、小鼓、小锣进行伴奏，振宇别提有多开心了。

慢慢地，好动的振宇喜欢上了听故事，于是我买来传统评书的CD光盘，在他吃饭和睡觉前播放给他听，比如《三国演义》《水浒传》《杨家将》《岳飞传》《隋唐演义》《红楼梦》等。

我和振宇还一起约定：他一边打游戏一边听《笠翁对韵》《论语》《大学》《道德经》等国学经典的诵读节目。孩子的无意注意可以促进学习与记忆，而听经典诵读是一种非常好的无意注意方式。对于以听觉为优势学习通道的振宇来说，这是扩大知识面、了解传统文化与提高记忆力的绝佳方式。久而久之，振宇便能够熟练背诵部分国学经典，对中国传统文化也有了更深的了解。

给家长的建议

很多家长对我说：“我看不出孩子对什么感兴趣，怎么办？”其实每个孩子都会有感兴趣的东西，只要方法对，总会发掘出孩子的兴趣点，下面两个方法供家长们参考。

1.对孩子进行“赏识教育”。过去有句老话是“优点不说跑不了，缺点不说不得了”。现在时代变了，这句话就变成：“优点不夸不得了，缺点不说慢慢少。”这说的就是“赏识教育”。

一位从事教育工作多年的老师跟我说起她的感受：“现在的孩子都特别聪明、敏感，你直接批评他，他根本受不了，你要委婉地表达，先表扬，再提建议。”这位老师指出了进行“赏识教育”的根源。正因如此，家长要学会欣赏孩子，发现孩子身上的闪光点，让孩子建立自信，敢于去探索自己的兴趣，经过不断实践确立自己的发展优势。

2.让孩子充分感受到乐趣。《论语》中有句话：“知之者不如好之者，好之者不如乐之者。”能让孩子乐在其中的游戏与学习才是最好的。而且，从长远来看，只有从事自己感兴趣的工作，才有可能长久并获得成功。所以，当孩子面临大学专业选择或职业选择时，一定要结合自己的兴趣点来考虑。

只学了一个月的钢琴

——对孩子的兴趣爱好把握好六大原则

“孩子有了兴趣，会不会痴迷其中，变成上瘾呢？”这是很多家长担心的问题。

成瘾其实是一个中性词，无所谓好坏。对于“网络游戏成瘾”这个词，我们之所以认为不好，是因为它对有的孩子来说已经成为一种精神鸦片，到了失去理智与自我管控的地步，严重危害孩子的身心成长。但是，对于一个健康的兴趣爱好来说，成瘾并不见得是一件坏事。

心理学告诉我们，人们沉浸在自己感兴趣的事情中，达到忘我境界，是一种非常高的境界，马斯洛人本主义心理学称其为“高峰体验”。

这种高峰体验可以带给孩子一种趋于顶峰、超越时空、超越自我的满足与完美体验。在高峰体验时，孩子会产生一种仿佛与宇宙融合的存在认知，达到一种超越自我的、忘我的、无我的状态。这种极致的幸福体验会让孩子对自我认知更加深刻，对事物的觉察更加敏锐。

家长支持和鼓励孩子的兴趣爱好，并不意味着要放任自流，毕竟在上学阶段学业是第一位的。

那么，家长对孩子的兴趣爱好应该把握什么样的原则呢？

不必为培养而培养

兴趣可以培养出来，但培养不是强制，而是让孩子去接触、去观察，然后再决定自己要不要选择这一兴趣项目。家长可以在一旁巧妙地引导，但一定要尊重孩子的意愿。比如，让孩子去动物园喂养小动物，来唤起孩子对动物的兴趣，了解各种动物的名称、习性、特征，进而学习与动物学相关的学科知识。只有孩子对此产生了兴趣，一切才能继续进行。一旦离开了有动物的环境，孩子不再感兴趣，则不必强求孩子深入研究这一学科。

环顾我们的周围，学钢琴的孩子比比皆是，一些家长不管孩子喜不喜欢，有没有这方面天赋，一味逼孩子学。投入大量的时间、金钱与精力，却不一定能达到预期效果，无论对家长还是对孩子，“性价比”都是极低的。

振宇5岁去学钢琴，不到一个月就对学钢琴表现出厌烦情绪，我发现生性好动、喜欢探索的振宇真的没有弹钢琴的天赋与兴趣，于是及时“踩刹车”，停了钢琴课。尽管如此，我心里仍然希望他能学会一门乐器，提升一下音乐素养，在做了几次尝试后发现，他对学乐器一点儿都不感兴趣，于是我乖乖放弃了这一想法。

没想到振宇上大学以后，竟喜欢上了唱歌，每次假期回来都让我们带他去唱歌，听着他把一首首中英文歌曲唱得深情动听、荡气回肠时，我和他爸爸真是又惊又喜。

刚去英国时，振宇的学校举行舞会，振宇跟我说："我没想到自己竟然有跳舞的天分，看上去很高难度的交谊舞，我学了一两遍就会跳了。"暑假夏令营的时装秀（Fashionshow），振宇报名参加，出场顺序被排在最后，没想到他自己设计的造型与动作竟然大受欢迎，赢得满堂喝彩，很快振宇就成为营队里的"明星"。振宇的音乐才能在我无为而治的放任之下，竟然出人意料地发展起来。

▶ 避免兴趣爱好与学习发生冲突

在英国、美国等国家的中学和大学里，都有"GAP YEAR"制度，即当学生对某一事物产生浓厚兴趣时，可以申请休学一段时间，以便全身心投入其中。当然学籍是保留的。这种弹性的教学体制在很大程度上尊重和保护了孩子的兴趣与爱好。

在我国，当孩子兴趣爱好与学习发生冲突时，家长通常会认为学习比兴趣爱好更重要，这种认识在学业与就业竞争激烈的今天是无可厚非的。但是，家长也不能因此把孩子的兴趣爱好一棍子打死，而应妥善调节兴趣与学业的关系，通过一些巧妙灵活的做法，最大限度地保护和发展孩子的兴趣爱好，规避兴趣爱好与学习的冲突。

支持孩子有助于提升精神境界的兴趣爱好

只有能够提升个人智力、意志与及生命体验的兴趣爱好，才是有意义的和值得追求的。比如，孩子喜欢动手制作，可以帮助他将科技与应用相结合；孩子喜欢音乐、绘画，可以创造机会、寻找舞台让他成为人类精神世界的探索者。

好的兴趣爱好可以引领孩子走向更开阔的人生境界与精神世界；品味低级庸俗的兴趣爱好是坚决不能提倡的，比如对不良文艺作品感兴趣等，这些是要坚决抵制的。

关键时刻要对兴趣爱好进行“克制”

如果兴趣爱好与个人志向不一致，那么在关键时刻兴趣爱好是要让位于个人志向的，毕竟志向是人的立身之本。比如，振宇在备考剑桥大学的一年时间里，主动卸载了他心爱的网络游戏，一心一意备考，考试全部结束后他又把游戏装回了电脑，重新“捡”起了这一爱好。

▶ 不提倡、不鼓励功利性的兴趣爱好

一些家长一味从提高孩子的中考、高考成绩出发，凡是有助于加分或保送的项目，也不管孩子是否喜欢或是否有这方面潜质，就强迫孩子学起来。这种太过功利的“兴趣爱好”有时会违背孩子的天性，贻害无穷。

有一个时期，全国数理化等奥林匹克竞赛获奖者可以保送上名校，很多学生在家长“支持”下趋之若鹜，结果适得其反，一些学生在竞赛中屡屡受挫，产生了强烈的厌学情绪。

▶ 区分兴趣爱好与玩物丧志

兴趣爱好需要理性地引导，如果引导得当，可以让孩子从心智到精神状态获得整体提升。而玩物丧志是把兴趣爱好作为生活的全部，丧失理性，它令孩子从心智到精神状态整体沉沦，所以必须禁止。

偶尔会打麻将的学习高手

——以开放心态对待孩子兴趣的易变性

很多家长跟我抱怨，孩子干啥都只有三分钟热度，兴趣总在变，怎么办？这时候家长需要细致地观察分析：这是孩子心智提升而导致的兴趣变化，还是他对一件事缺乏信心产生了畏难情绪？如果是前者，我要恭喜您，您的孩子心智发育得非常棒。

易变性是孩子对待兴趣的一个特点。随着年龄增长以及阅历、见识、认知与能力的不断提升，孩子的兴趣会随之发生变化，这不仅是一件再正常不过的事，而且是一件好事。家长大可不必责备孩子做事不专注和缺乏意志力，而应努力做到以下三点。

▶ 培养一种开放心态

观察孩子的行为与情绪，尤其是观察孩子做什么事情能够有愉快的情绪、积极稳定的状态，找到与孩子身心和性格发育相匹配的事物，找到他的兴趣点。

振宇两岁多时喜欢看的动画片是《黑猫警长》，三四岁时喜欢看《天线宝宝》，五六岁时喜欢看《小熊维尼》《海尔兄弟》，小学时喜欢看《蓝猫淘气三千问》，到了初中以后就不看动画片了，转而听音乐，从周杰伦到许嵩，从至上励合到五月天，喜欢的歌手也不断变化。

最不可思议的是，振宇在英国上了高一后，有一次来电话跟我说："妈妈，我喜欢上打麻将了，现在一有空我就跟同学摆'长城'。"乍听这事，我心一紧——这是不良嗜好啊？但我仍用平静的语气问他："打麻将有啥好的，别玩物丧志。"他却认真地说："我发现打麻将也需要技巧，对我来说是个挑战，而且让我和同学的关系更融洽，现在再没人把我当书呆子了。""那好，妈支持你！多赢两把！""好嘞！"

到了高二，振宇的爱好又开始转移了。虽然他的兴趣在不停变换，但他的情感与心智却随兴趣的变换越来越成熟。

▶ 学会判断某个兴趣爱好是否需要坚持

是否需要推动孩子坚持他的某个兴趣爱好，对于家长们来说，这是一个严峻考验，因为一个决策的正确与否也许会影响孩子的一生。如何评判孩子的兴趣是否需要坚持？我的评判标准是看这个兴趣爱好是否能让孩子受益终生。

振宇在小学五年级时参加过国际象棋的全国比赛，拿到过全国三十多名的成绩，因此教练建议他转向专业学习道路，训练时间由一周2小时增加到一周6小时。

经过权衡，我们认为，成为国际象棋专业棋手不应该是振宇的最终目标，既然学习国际象棋开发智力的目的已经达到，就可以放一放了，让孩子回归正常学习。现在回过头来看，当初的决策是非常明智的。它证明了只有从孩子终生发展的高度来抉择孩子的某个兴趣爱好是否要坚持，才能科学、明智地进行取舍，不至于一叶障目，因小失大，留下遗憾。

家长要有判断力

家长要能够清醒地分析孩子兴趣变化背后的原因，判断是畏难情绪还是自然的心智提升所导致。如果是前者，应该和孩子共同分析原因所在，消除畏难情绪，解开心结；如果是后者，由于心智的提升导致兴趣点发生变化，就愉快地接受，并和孩子一同投入其中，享受乐趣。

振宇第一次上奥数课后，直喊听不懂，不想上。经过分析，我认为是授课的大学老师“不接地气”，于是马上为振宇调换了一个教学风格浅显易懂的奥数班，他开始有了兴趣，从此一发不可收。可见，只有分析孩子对一件事浅尝辄止的深层原因，才能有效做到“对症下药，药到病除”。

第　十　二　章

既要做学习高手，也要做运动高手

体育跟学习一样重要

——运动强健体魄、强壮身心

如果说孩子健康成长有捷径可走的话，运动无疑是首选。运动能够强健孩子体魄，有利于孩子的生理、心理发育，运动为孩子所带来的社会交往优势也是无可替代的。西方国家对运动非常重视，青少年参与运动的程度，甚至远超我们的想象。

在澳大利亚，游泳是一项非常普及的运动。与学习成绩相比，很多家长更看重孩子的游泳成绩。游泳能力强的孩子，在学校享受着明星级别的待遇。澳大利亚四面环海，为避免孩子因不会游泳而发生溺水身亡事故，政府强制规定所有的小学生必须学会游泳，否则不允许毕业。游泳在这个国家不仅是强身健体的手段，更是保命的本领。

众所周知，英国是现代足球发祥地，英国人的足球水平很高。到底什么原因呢？我去了一趟英国就全明白了。振宇所在的高中只有几百名学生，可是校园有四五个足球场那么大，地面几乎都是平平整整的绿色草坪。学生们在草坪上踢球和玩耍，让人好不羡慕。在伦敦的海德公园，目之所及，都是高品质的草坪，一群八九岁的男孩在草坪上分成两队进行足球比赛，他们的脚法和配合的意识、默契程度，令人惊叹。我先生是个足球迷，在啧啧称赞之余感叹道："我们有这么多、这么好的草坪供孩子踢球吗？我们的家长又有几人支持孩子踢球呢？"

▶ 体育跟学习一样重要

我一向认为自己是非常开明的家长，在支持孩子开展体育运动方面投入力度很大，可是振宇留学英国后，我才知道自己的差距和局限。

振宇所在的学校每天至少有两节体育课，而且不可以随意请假。有一次，振宇因要备考英国数学奥林匹克竞赛，想申请不上体育课，以争取更多时间用于备考，但他不敢跟校方提出这一想法，请求我们代为申请。

我想当然地认为这是好事，说明孩子有上进心，而且我甚至幻想学校不仅支持，可能还要感谢我有一个好儿子正在为学校荣誉奋力拼搏呢。于是我委托英文比我好的二姐给校长写了一封信，非常诚恳地提出不上体育课的申请，解释了振宇停上体育课备考奥数竞赛对孩子的重要意义，还特意强调了如果竞赛取得佳绩对学校来说也是殊荣。

可是令我全然没想到的是，校长回信直接拒绝了我的请求，他强调了体育对孩子一生的重要性，不仅没有给假，反而建议振宇加入学校足球队，因为振宇的足球踢得很好。

这出乎意料的结果一度让我难以理解。当我把这个被拒的消息告诉儿子后，他却平静地跟我说："我有这个预感，只是此前一直盼着奇迹出现。我现在已经知道了，在英国学校里，体育跟学习一样重要，我得做一下自我调整了。"

振宇这么说让我一下子理解了为什么同学一度把他当怪人。振宇跟我说过，他留学后用功程度跟国内同学比相差很多，他只是利用上体育课的间隙，或是跟同学玩累了以后抓紧时间看看书。就是这样的举动让英国的同学大为诧异，认为他是脑子有病的怪人，甚至被大家疏远孤立。振宇为此抑郁了半年多的时间。

后来，振宇有意识地频繁加入同学运动和玩耍的行列，这才慢慢被大家接纳和认可。

学校举办运动会，他参加了200米、400米、跳高、跳远四项全能比赛，获得全校第二名的佳绩，更令大家对他刮目相看。越来越多的同学走近他，主动与他交朋友，他因此收获了很多珍贵的友谊。

再后来，振宇的乒乓球、台球、国际象棋等特长显露锋芒，使他信心爆棚，校园生活也因此如鱼得水。

给家长的建议

从振宇的故事中，我得到两点启示。

1.**勿以功利心对待体育运动**。很多家长以中考、高考及竞赛为指挥棒，只重视孩子的学习成绩，而忽视了体育的重要性。这种只顾眼前的功利心态会影响孩子的综合发展，令孩子错过爱上运动的窗口期。

2.**勿把学习与运动对立看待**。学习与运动其实完全可以相互促进。运动看上去似乎会占掉很多学习时间，殊不知，它给孩子带来的强壮体魄、心理韧性与专注力对学习的帮助更大。

学习不专心？运动去！
——运动让孩子进入高效能状态

心理学研究表明，运动可以疏导孩子情绪，帮孩子实现高效能的愉快情绪体验；运动能够提高孩子专注力，打通其快速发育的大脑运动神经通路；运动还可以帮孩子交到朋友，学会与队友合作，具有团队精神。另外，运动还能够培养孩子的竞争意识，锻炼体魄，建立自信心。运动真是好处多多。

运动的好处在振宇身上体现得特别明显。

▶ 提高专注度

振宇从小就是个特别好动的孩子，让他坐下来专注学习一度是件挺困难的事。每每写作业的时候，我瞧着他一会儿上趟卫生间，途中还要打几下沙袋，一会儿又玩玩魔方或他最喜爱的“丁俊狼”毛绒玩具，反正是不消停，弄得我和他爸心烦不已。

我觉得与其让他这样没效率地学习，不如让他“不安分”的心得以释放。恰好那个阶段他喜欢上了台球，在他不“消停”的时候，我就主动叫他去楼下的台球室活动活动。

这下他高兴了，每次都玩得酣畅淋漓，回家后大喊：“过瘾！”之后再学习时他就明显踏实了，能坐得住板凳了。这种先运动后学习的方式逐渐帮他提升了专注力。

心理学研究发现，当孩子在游戏与运动中获得情感的愉悦与满足后，做事情的专注度会大大提高，其认知水平也会得到提高。更重要的是，运动可以让孩子有一个情绪宣泄的通道，这对于孩子的心理健康大有益处。

每次振宇情绪低落时，我都会建议他出去运动一下，运动过后，振宇的脸上总会乌云散去，重新露出熟悉的灿烂笑容。

振宇的运动爱好极其广泛，几乎所有运动项目他都喜欢并且学得很快。运动让振宇身心愉悦，情绪饱满，阳光开朗，积极自信，见过他的人都说他是一个阳光男孩。

▶ 增强脑力和竞争意识

心理学告诉我们，在紧急情况下，人体内会分泌一种肾上腺激素进行自我保护。当一个人经常处于兴奋状态时，他会变得越来越积极，身体机能、竞争意识与水平也会得到很大的提升。

体育运动不仅锻炼了振宇的体力，还开发了他的智力。每次乒乓球比赛前，振宇都要认真制订战略战术，是发上旋球还是下旋球？是先发制人，还是打相持球？是打对方正手还是反手？

比赛中，他还要根据场上形势和对手特点，及时调整策略，做到扬长避短。这个动脑过程极大地锻炼了振宇的心智模式与心理素质。从学校比赛，到区里比赛，再到市里比赛，振宇参加了大大小小的比赛上百场，曾一路打拼进入全市少儿组前8名。

▶ 感受无穷乐趣，收获满满的成就感

孩子运动过后会很开心，这是因为大脑前庭部位的神经传导通路被打通，脑部会产生一种叫内啡肽（也叫快乐因子）的物质，会让孩子产生快乐的感觉。所以，适度的运动不仅有利于孩子大脑的发育，还有利于心理的愉悦与情感的满足。每一次的愉快体验与记忆，都相当于往孩子的幸福账户增加储蓄。

振宇从小好动，浑身上下总有使不完的劲儿。两三岁时他最喜欢的一件事就是跳蹦蹦床，一蹦就是一个多小时，而且可以站坐结合地蹦。5岁时，去动物园看完马戏表演的振宇对我说："妈妈，小狗熊都能骑两个轮子的自行车，我肯定比小狗熊聪明，我也要骑两轮自行车。"于是，爸爸把小自行车的两个侧轮卸掉了，他蹬了不一会儿就骑得飞快了。

可以说，每次带他出去玩或是运动，都是乘兴而去，尽兴而归。虽然运动过后我还得不停地给他洗澡、换衣服，可是一看到他心满意足的样子，就觉得再累也值。

▶ 增强战胜困难、完成任务的自信心

可以说，没有运动就不会有振宇不惧一切的自信心。如果说他的健康成长有规律可循的话，运动的功劳当数第一。

振宇留学英国后，接触了皮划艇、骑马等运动项目，尤其是他在体育课上选了对身体协调性要求极高的击剑项目。选择这个项目的英国学生一般都从小就练习，有训练基础，所以一开始对练的时候他根本不是人家的对手，屡战屡败，被对方所嘲笑。

这激发了振宇的好胜心，经过半年的认真训练和悉心钻研后，他的技术大大提升，与从小就练习击剑的同学相比不相上下。谈及这段经历，他充满自信地对我说："只要我想玩，还没有玩不成的项目！"

▶ 磨炼意志与改善心态

运动一般都具有竞技与对抗性，这要求参与者必须学会坦然面对失败与挫折，保持一颗平常心，在失败中吸取经验教训，越败越战，越挫越勇。可以说运动特别有助于意志品质的磨炼。

振宇6岁起上国际象棋课，每堂课都有比赛，输赢结果决定积分和名次，所以他格外重视。

有一次，我去接他，看见他站在棋桌旁，一只脚踩在椅子上，一只手叉着腰，像个纵横捭阖的大将军。那盘棋他最终赢了。

回到家里，我问他："为什么要那个样子下棋呢？"他回答说："我要在气势上压倒对手。"我听了哈哈大笑。看来，下棋不仅是棋艺的较量，还是一场心理战呢。

振宇也经常输棋，回到家后他会马上复盘，分析自己的问题出在哪里。他在思考的时候神情特别专注，叫他吃饭他都听不到，直到想出破解的妙招后，才心满意足地从房间跑出来，乐呵呵地开始吃饭。

带孩子一起运动吧

——用榜样的力量点燃孩子的运动热情

说起培养孩子的运动兴趣，我认为，首先要给孩子提供接触各种运动的机会，让孩子自己去发现哪项运动才是自己真正喜欢的。家长不仅需要细心观察、询问和倾听孩子的意见，最好还要起到模范带头作用，带孩子一起进行各项运动。所以，现在当家长真的不轻松，不会几项运动，连孩子都带不了。

▶ 从小到大的运动陪伴

在振宇很小的时候，我和我先生便有意识地给振宇做运动的榜样，这在很大程度上促进了他对体育的热爱。

从振宇两三岁起，我们就经常带他旅行，目的地大多是名山大川。小时候的振宇虽然个头小，走路还不十分稳，但是他爬山时几乎从不让大人背或抱，坚持自己往上爬。待他稍大一点儿后，我们再带他爬山时就经常是我们累得一屁股坐在路边喘粗气，他却不觉累，大步向前，以领先我们为荣。

登山锻炼了振宇的体魄，开阔了他的眼界，更培养了他的坚强意志和自信心。长大后的他特别喜欢旅行或户外运动，以至于一待在家就蔫儿，一到大自然中就兴奋异常。

可是，毕竟不能时刻在户外，待在家里的时间更长，好动的振宇经常会表现出百无聊赖的情绪来。我看在眼里，急在心上，怎么能让他在家里也“动”起来呢？

我想了想，就买来一个沙袋，吊在房梁上，还买了一副拳击手套，振宇一见就眼睛直放光。每当学习倦了或心情不好，他就会戴上手套猛击沙袋，有时还踹上几脚，好不痛快。他爸爸有时还跟他装模作样地对打，他则有模有样地打起了左直拳、摆拳……爷儿俩玩得不亦乐乎。但是，拳击练来练去，也是会烦的。

冬天北方的室外太冷，于是，我和振宇想出了在客厅里打羽毛球的好主意，屋子楼层低，我们就只好练习低空球，球有时落在灯罩上，有时打中对方的脑袋，都会引起我们的一串串笑声。不一会儿，两个人就玩得满头大汗，浑身畅快。

在我们生活的那个北方城市，每年的10月中旬至第二年的4月末是供热期，这意味着有长达半年的时间因为天气寒冷，孩子户外活动受限。对运动有着狂热爱好的振宇常常望着窗外大雪黯然神伤，有时竟憋出了眼泪。

为改变这一状况，我先生一到周末就张罗同事在院里的操场上踢雪上足球，邀请儿子参赛。虽然他力量不如大人，但是他身体的协调性特别好，抢球和防守不落下风。他爸爸经常在进攻时有意把球传给他，由他完成射门，结果还真进了不少球，进球后他都会和爸爸击掌庆贺。

除了雪地足球，我还经常带振宇去滑冰、滑雪，他的技术比我好多了，当我在冰面上深一脚浅一脚慢慢蹭时，他则像小旋风似的一圈圈从我身边掠过。在雪场，振宇很快就掌握了雪板转弯与减速技巧，当我还在坡顶努力控制平衡的时候，他已经像飞燕一样在雪道上自由驰骋了。

▶ 爸爸带出来的“灌篮高手”

上了初中以后，振宇对篮球的喜爱超过了其他所有运动项目，这完全是受他爸的影响。

我先生的单位大楼和家属宿舍在一个院里，一下班他这个单位篮球协会“秘书长”就会召集同事中的球友，在院里篮球场上打球，可以说是风雨无阻。在爸爸和叔叔们的带动和影响下，振宇开始练习运球、投篮。

后来，每当他爸单位同事间的篮球赛缺人时，大家都热情地邀请振宇上场比赛。一开始，大家还有意让着他，后来发现被他“蒙骗”了，因为他年纪虽小，但打得一点儿都不差，得分手段还不少。

有了场上经验的振宇和班上同学一起打球时所向披靡，经常包揽大部分得分。他的同学们也特别愿意让他带着练球。我至今记得，一到双休日，他就邀同学过来比赛，休息时一起吃我买来的肯德基食品，他们边吃边聊，几只小猫围在他们脚下吃着掉在地上的食物，每每看到这样的场景，我都感到无比欣慰。

留学以后，振宇的运动时间比在国内多多了，一是每天都有体育课，二是每天下午3点多就没课了，大把的时间可以在运动场上挥霍。而且运动项目也特别多，他把在国内没玩过的都尝试了一遍。

有一次，我在电话里对他说："你尽情享受吧，爸妈为你高兴！"他则有点动情地回应道："谢谢你们当年给我带来那么多快乐！"那一刻我泪目了。

给家长的建议

在与振宇一起运动的成长故事中，有几点感悟与家长们分享。

1.认识到运动的重要性。在我看来，运动跟学习一样重要，甚至比学习更重要，因为学习解决的是生存的问题，而运动解决的是生存质量的问题，前者是为后者做准备的，后者才是生命的终极需求。

2.家长不能做“甩手掌柜”。很多家长支持孩子运动局限于给孩子报各种运动项目课外班，把责任交给教练和老师。事实上，孩子成长过程中的绝大多数时间是与家长在一起的，如果家长能带孩子一起运动，达到的效果自然会更好。

3.通过运动建立和谐亲子关系。不少家长抱怨与孩子关系紧张，其实不妨检视一下你付出过多少时间陪伴孩子运动。运动是家长与孩子亲密接触的有效途径，无须说教，一场全家人共同参与的运动保准让你的家庭氛围变得轻松愉快。